觀 중심의 형성과 여덟 진로의 수행체계

 觀 중심의 형성과 여덟 진로의 **수행체계**

구선 지음

연화

觀 중심의 형성과 여덟 진로의 수행체계

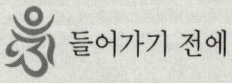 들어가기 전에

한 경계에 집착하면 그 죄가 수미산 같고,
한 경계를 저버리면 아비지옥에 떨어진다.
이러할 때, 그 한 경계를 어떻게 할 것인가?

흔히 수행을 한다고 하면 오로지 깨달음에만 관심을 둘 뿐, 그 이외의 것들에 대해서는 너무나 소홀하게 대한다. 때문에 원만하게 어우러지지 못하고 세상과 동떨어진 삶을 살게 된다. 한 순간을 소중히 생각하고 한 경계를 절실하게 대할 줄 아는 사람만이 깨어 있을 수 있으며 그로써 나와 경계가 하나가 되는 경지를 맛볼 수 있다.

석가모니 부처님의 가르침이 전해진 지, 어언 삼천 년.
깨달음만을 추구하고 자기 능력 배양을 목적으로 삼아 수행하던 때가 있었다. 세상은 전쟁의 도가니에 휩싸이고 수행자들은 스스로가 갖춘 능력을 내세워서 한 지역의 패권을 장악하고 있었으니, 그런 시대를 일러 부파불교(部派佛敎) 시대라 한다. 그때에 그런 수행풍토를 비판하고 분연히 일어선 사람이 있었다.
그가 바로 나가르쥬나(Nagarjuna), 즉 용수보살(龍樹菩薩)이다.
용수는 부처님의 정법안장(正法眼藏)을 전해받은 제14대 조사이다. 처음 대승선(大乘禪)을 제창하고 대승불교를 일으켜세운 사람이 바로 그이다. 대승불교의 소의경전(所依經典)이라 할 수 있는 『화엄경(華嚴經)』과 『반야경(般若經)』, 그리고 『금강경(金剛經)』과 『금강삼매경(金剛三昧經)』 등이 그의 손을 통해 세상에 전해졌다. 용수가 제창한 대승불교는 '대승선(大乘禪)'이라고 하는 수행체계를 바탕으로 해서 세워졌다. 대승선의 핵심이 바로 '중관(中觀)'이다.
부처님께서 말씀하신 '중도(中道)'에 입각해서 세워진 관법이 '중관법(中觀法)'인데, 이는 '선정법(禪定法)'에 속하는 수행법이다.
中이란, 근본을 여의지 않으면서도 경계와 동떨어지지 않는 자리를 말한다. 中의 자리는 본래 갖추고 있는 자리가 아니다. 이는 세워서 갖춰야 하는 자리이다.
중관(中觀)이란 그런 中을 관하는 것이다.
용수는 中의 자리를 세우고,
　　　　中의 자리를 활용하고,
　　　　中의 자리를 진보시키는 법을 통틀어서
'중도제일의제(中道第一義諦)'라 했다.
대승의 수행체계는 중관을 통해 본성을 보는 공관법과, 중관을 통해 경계를 보는 가관법으로 이루어져 있다.
이를 일러 삼관법이라 하는데, 그 개략적인 의미를 살펴보면 다음과 같다.

중관법은 중심을 세워서 그 상태를 관하는 법이다.
공관법은 중심을 통해 근본을 비추는 법이다.
가관법은 중심을 통해 경계를 비추는 법이다.

용수가 확립한 삼관의 법은 중국으로 전해져서 천태지관(天台止觀)의 모태가 되었고, 우리 나라로 전해져서는 신라불교의 핵심 수행법이 되었다. 원효(元曉)나 의상(義湘), 그 밖의 수많은 선지식들이 삼관의 법에 입각해서 수행을 했으며 그에 대한 수많은 저서를 남겼다. 원효의 그 유명한 금강삼매경소(金剛三昧經疏)와 대승기신론소(大乘起信論

疏) 등도 모두 삼관법에 입각해서 경(經)과 논(論)을 해석한 것이다.
허나 불행하게도 중국으로 전해진 삼관법은 육조혜능(六祖慧能)의 대에서 끊어져 버렸고, 우리 나라로 전해진 삼관법은 고려 초기에 끊어져 버렸다.
그 이후에 중국도 간화(看話)나 염불(念佛) 등 방편선(方便禪)이 성행하게 되었고, 우리 나라 또한 그 체계를 답습하게 되었다. 이 얼마나 안타까운 일인가?
이로써 대승선의 자취는 사라지고 그 사상적 명맥만 이어오게 되었으니, 작금의 불교가 견성법과 자성법을 잃어버린 것도, 결국엔 대승불교의 교육체계가 전승되지 못한 데 있다.
용수가 제창한 대승의 교육체계는 삼관을 모태로 해서 여덟 진로로 이루어져 있었다. 그러기에 그를 팔종(八宗)의 종주라 불렀다. 이 책에서 제시하는 여덟 진로의 수행체계는 그때에 용수가 제창한 여덟 진로의 수행법과 다를 수도 있고 같을 수도 있다. 하지만, 대승적 관점으로 보면 다르지 않을 것이다.
이 책에서 제시하는 여덟 진로의 수행체계는 본인이 직접 수행해 온 경험이며, 또한 팔 년 동안 후인들을 지도하면서 얻어진 결과들이다. 때문에 누구라도 닦아서 체득할 수 있는 법들이다.
본문에 들어가기 전에 우선 여덟 진로의 수행체계에 대해 개략적인 내용을 말해 보겠다.

첫째는 자기 중심의 일이다.
자기 중심이란 가슴바탕에 세워진 마음거울, 즉 조견의 주체이다.
한 경계를 놓고 중심을 통한 조견을 행하는 것은 안으로는 중심의 진보를 도모하기 위함이며 밖으로는 경계와 의식의 일치를 이루기 위해서이다.

둘째는 자기 근본의 일이다.
자기 근본이란 의식의 발원처를 말한다.
한 경계를 통해 근본의 일을 행한다는 것은 경계를 중심에 비추어서 근본을 인식하는 척도로 삼는 것을 말한다.

셋째는 자기 면모의 일이다.
자기 면모는 자기를 이루는 의식체계를 말한다. 생명의 내부의식은 '색, 수, 상, 행, 식' 오온으로 이루어져 있다. 평범한 사람은 '안, 이, 비, 설, 신, 의'로 이루어진 색의식만을 자기 의식의 주체로 삼는다. 수의식과 상의식, 행의식, 식의식 등은 중심을 활용할 수 있는 역량이 갖추어져야만 발현되는 의식이다.
한 경계를 통해서 자기 면모의 일을 행한다는 것은 한 경계를 중심에 비추어서 좀더 깊고 넓게 내부의식이 발현되도록 하는 것이다.

넷째는 각성을 증득하는 일이다.
각성이란 자기를 주시하는 의지적인 힘이다. 각성은 조건의 행을 통해서 키워진다. 중심을 주체로 해서 조건이 이루어질 때 의지가 경계와 근본 그리고 중심 사이를 넘나들며 키워지는 것이 각성이다. 그렇기 때문에 한 경계를 저버리면 각성을 키우는 행이 미흡해진다. 각성은 네 단계로 나뉘어진다. 표면적 유위각, 미세적 유위각, 일시적 무위각, 본연적 무위각이 바로 그것이다.

다섯째는 자기 존재목적을 실현하는 일이다.
자기 존재목적이란 세상이 아름다워지는데 스스로가 할 수 있는 역할을 말한다.
경계를 놓고 보면 경계가 아름다워지는데 스스로가 할 수 있는 역할이 곧 자기 존재목적이 된다. 그런 만큼 접해지는 한 경계를 저버리고서는 자기 존재목적을 실현할 수 없다. 경계와 자기간의 조화가 실현되었을 때 이때를 일러 '자기 존재목적을 실현했다.'라고 말한다.

여섯째는 좀더 넓은 교류성을 갖추는 일이다.
사람은 스스로가 갖고 있는 의식의 역량과 근본을 주시할 수 있는 각성의 정도, 그리고 중심을 활용하는 정도에 따라서 서로 다른 차원의 교류성을 갖게 된다. 사람이 갖고 있는 교류성은 크게 네 단계로 구분된다.

- 표면적 관점에서의 교류 — 이는 표면적으로 드러난 관계에 입각해서 행해지는 교류이다. 보통 평범한 사람들은 표면적 관점으로의 교류를 통해 자기 삶을 실현한다.
- 인과적 관점에서의 교류 — 이는 인과적으로 맺어진 관계에 입각해서 행해지는 교류이다. 인과를 알지 못하는 평범한 사람은 인과적 관점으로서의 교류를 행할 수 없다. 자기 내부의식 중 수의식을 발현시킨 사람이 행할 수 있는 교류이다.
- 교류적 관점에서의 교류 — 이는 나와 경계가 인과적으로 부정적 관계에 있을 때 그 한계를 벗어나기 위해서 행하는 교류이다. 이때 필요한 것이 나와 경계가 교류의 주체가 되지 않고 새롭게 확보된 대상이 교류의 주체가 되도록 하는 것이다. 교류적 관점에서 경계를 본다는 것은 상대와 나의 교류가 인과적으로 막혀 있을 때 새로운 교류의 주체를 찾는 것이다.
- 조화적 관점에서의 교류 — 어떻게 하면 저 경계와 내가 하나가 될 수 있을까? 이런 관점으로 경계를 바라보는 것이 조화적 관점으로 경계와 나를 바라보는 것이다.

흔히 피상적으로 드러난 관계에 입각해서 조화를 도모하려고 하면 나는 잘한다고 했는데도 그 결과가 원했던 것과는 정반대로 드러나는 경우가 있다. 이것은 경계와 나 사이에 인과적 관계가 부정적일 때 드러나는 결과이거나 교류적 관점에서 경계를 보지 못했기 때문에 생기는 결과이다.

수행자가 자기 내부의식을 발현시켜야 하는 이유가 경계와의 교류를 도모할 때 바로 이 같은 오류에 빠지지 않기 위해서다. 경계와 내가 일상적 교류를 행할 때는 큰 문제가 발생하지 않는다. 하지만 존재목적을 놓고 교류를 행할 때는 인과나 교류적 관점으로 경계를 대하지 못하는 데서 오는 피해가 막대하다. 그렇기 때문에 자기 의식을 개발해서 넓은 교류성을 확보하는 것이 대단히 중요하다. 자기 면모의 일을 행하는 이유가 바로 여기에 있다.

부처님 말씀에 탐(貪), 진(瞋), 치(癡)를 삼독심(三毒心)이라 했다. 만약 수행자가 교류를 행함에 있어 조화를 이룰 수 없다면 그것은 스스로에게 있는 '치심(癡心)'을 제도하지 못한 까닭이다. 한 경계를 놓고 그것과 조화를 이루는 것은 표면적으로 드러난 색의식(안, 이, 비, 설, 신, 의가 주체가 된 의식)만을 통해서는 불가능하다. 왜 그런가 하면 색의식만을 가지고는 경계의 존재목적을 볼 수 있는 안목이 갖추어지지 않기 때문이다.

일곱째는 자기 인식의 틀을 보는 것이다.
자기 인식의 틀이란 자기 인식이 활용되는 범주를 말한다. 이는 존재가 갖고 있는 여섯 가지 면모에 따라서 달라진다. '중심의 상태, 각성의 정도, 내부의식의 발현상태, 자기제도의 정도, 근본을 인식하는 역량, 자기 사상' 이것이 바로 자기 인식의 틀을 결정하는 여섯 가지 면모이다.

존재는 자기 인식의 틀에 입각해서 세상을 보고 자기를 활용한다. 자기 인식의 틀을 바로 보아서 그것을 넓혀갈 줄 아는 사람은 삶을 발전적으로 이끌어가지만 그렇지 못한 사람은 정체된 삶을 살아간다. 예를 들면 색의식으로 자기 의식의 주체를 삼는 사람은 그저 보고, 듣고, 느끼고 생각하고, 말하고, 냄새 맡는 작용으로 접하는 것을 참다운 것이라고 생각할 뿐 그 이상의 것은 믿지도 않고 구하지도 않는다. 때문에 삶의 목표를 설정하고 실현하는 것도 그 차원에서 이루어지게 된다.

반면 수의식이나 그 이상의 내부의식을 발현시킨 사람은 눈, 귀, 코, 입, 몸, 생각보다는 조건을 통해 드러난 중심의 상태를 참다운 것이라고 생각한다. 그래서 드러난 형상에 집착하지 않고 모든 현상을 마음을 통해 보고자 한다.

그렇기 때문에 이런 사람이 삶의 목표를 정하는 것은 색의식만을 활용하고 사는 사람의 그것과는 차원이 다르다.

한 경계를 통해 자기 인식의 틀을 본다는 것은 경계를 대하는 자기 마음이 어떤 차원의 내부의식이 활용되는지를 아는 것이며 또한 자기 인식의 틀을 이루는 나머지 다섯 가지 조건도 더불어서 살펴볼 수 있다는 말이다.

여덟째는 자기를 제도하는 것이다.
자기제도란 자기의 습성과 관념을 제도하는 것이다. 이는 몸의 제도와 마음의 제도로 나뉘어진다. 본성의 공함을 증득하기 이전에는 방편이나 중심을 통해 자기제도를 행하고 본성을 증득한 이후에는 성품의 공한 자리와 거기에서 생성되는 기운을 활용해서 자기제도를 행한다.

한 경계를 통해 자기제도를 행한다는 것은 경계를 대하는 마음이 어떤 경로를 통해 일어나는지를 뚜렷히 인식해서 긍정적인 것은 드러나도록 하고 부정적인 것은 다스려 준다는 것이다. 자기제도의 행은 크게 여섯 단계로 나누어진다.

- 장부 순화를 통한 의식의 제도
- 척추 순화를 통한 업식의 제도
- 갈비뼈 순화를 통한 업식의 제도
- 꼬리뼈 순화를 통한 업식의 제도
- 머리뼈 순화를 통한 업식의 제도
- 신경 순화를 통한 습성의 제도

이 중 갈비뼈 순화 이전 과정은 견성(見性) 이전의 자기제도의 과정이고, 그 이후는 견성 이후의 자기제도의 과정이다.

수행자가 비록 자성의 공(空)함을 인식했더라도 이처럼 여덟 가지 진로로 자기 발전을 도모하는 것을 게을리해서는 안 된다. 왜 그런가 하면 자기를 제도하는 것과 주변 경계와 조화를 도모하는 것이 이 여덟 가지 일로서 원만해지기 때문이다.

이와 같으니 어찌 한 경계를 소홀히 할 수 있겠는가?
집착하지도 않고 저버리지도 않으면서 능히 여덟 진로의 수행으로 나아가나니, 이것을 일러 대승(大乘)의 팔도(八道)라 한다.

차례

⊙ 들어가기 전에_6

〈중심의 형성과
여덟 진로의 수행체계〉
수행의 총체적인 틀　　　　　　　　　　　_19

아홉 단계 수행에 있어 그 첫 번째 단계— 化　_37

아홉 단계 수행에 있어 그 두 번째 단계 二化　　_71

아홉 단계 수행에 있어 그 세 번째 단계 三化　　_115

아홉 단계 수행에 있어 그 네 번째 단계 四化
― 견성(見性), 해탈지(解脫智), 초지보살(初地菩薩)
　　　　　　　　　　　　　　　　　　_173

〈부록〉
1.용수보살전(龍樹菩薩傳)　　　　　　_294
2.중도(中道)　　　　　　　　　　　　_306

◉ 맺음말_308

중심의 형성과 여덟 진로의 수행체계

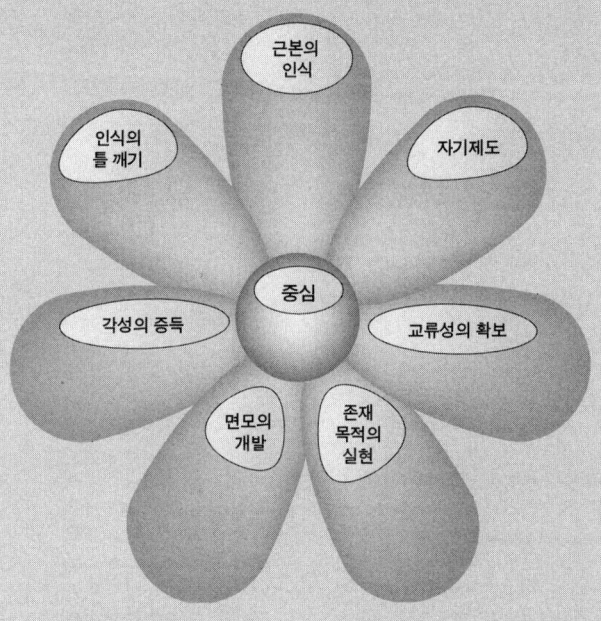

수행의 총체적인 틀

선(禪)은 관행(觀行)이다.

觀이란 중심을 통해서 경계와 근본을 비춰보는 것이다.

觀은 내 안의 생명과 내가 서로 교류하는 것이며,

내 밖의 생명이 내가 되도록 하는 것이다.

觀을 하는 자는 여행자가 되어야 한다.

안에서 밖으로……,

중심에서 근본으로…….

여덟 가지 진로의 수행체계

올바른 수행법

어떤 수행법이 올바른 수행법인가?
다양한 수행법마다 나름대로의 특성이 있지만 그것을 바르게 알기는 쉽지 않다. 특정한 수행법 하나를 놓고 그것만이 올바른 수행법이라고 주장하는 것은 잘못된 일이다. 수행을 함에 있어 이러한 오류에 빠지지 않으려면, 먼저 수행의 총체적인 틀을 이해해야 한다. 그런 다음에 그것을 놓고 각각의 수행법들이 그 틀 안에서 어떤 장점을 취한 것인지를 알아야 한다.

먼저 수행이란 무엇인가?
불교에서는 선(禪)을 말한다. 여기서 선(禪)은 '닦는다'는 뜻이다.
그래서 '선(禪) 즉 관행(觀行)'이라고 한다.

관(觀)

관(觀)이란, 자기를 보는 행(行)이다.

여기서 말하는 '자기'란 단순히 주체로서의 나만을 말하는 것이 아니라 자기를 이루고 있는 세 가지 근거인 자기 근본[1], 자기 면모[2], 자기 존재목적[3]을 말한다.

이 세 가지 근거에 입각해서 자기를 보는 행이어야 비로소 관을 한다고 할 수 있다. 이때, '보는 행'도 그냥 눈으로 보는 것이 아니라, 중심(中心)을 통해 경계(境界)[4]와 근본(根本)을 비추어 보는 행이다. 다른 표현으로 하면 자기에게 드러난 일면과 드러나지 않은 이면을 보는 것이다.

---

1) 자기 근본 : 자기를 이루고 있는 모든 의식이 비롯되는 자리이다. 자성(自性), 참나, 주인공 등으로 다양하게 불린다.
2) 자기 면모 : 자기를 이루고 있는 의식체계. 생명의 내부의식은 오온(五蘊)인 '색수상행식(色受想行識)'으로 이루어져 있다.
3) 자기 존재목적 : 세상이 아름다워지는데 스스로가 할 수 있는 역할.
4) 경계(境界) : 일반적인 불교에서 말하는 경계는 육근(六根)이 인식할 수 있는 대상을 이르는 말이다. 불교에서는 눈·귀·코·혀·몸의 다섯 감각기관과 이를 통솔하는 의근(意根)을 육근이라 하고, 이에 대응하는 인식대상이 육경(六境)이다. 즉 눈으로 보는 것은 색경(色境), 귀로 듣는 것은 성경(聲境), 코로 냄새를 맡는 것은 향경(香境), 입으로 맛을 아는 것은 미경(味境), 몸으로 느끼는 것은 촉경(觸境), 마음으로 아는 것은 법경(法境)이다.

중심(中心)

그럼 중심은 무엇인가? 경계와 근본은 여러 수행체계에서 언급이 되어 익숙하지만 중심은 생소한 개념일 것이다.

중심(中心)이란, '경계에 속하지 않으면서도 근본과 동떨어져 있지 않은 한자리'[5]를 말한다. 가슴바탕에 세워진 중심은 그 자체가 마음거울의 역할을 하면서 조견(照見)[6]의 척도가 된다. 그리고 근본의 공(空)[7]함을 인식할 수 있는 통로로 쓸 수 있다. 안팎의 존재와 의식의 일치를 도모할 수 있기에 칠식(七識)[8]이 발현되는 통로가 된다.

뿐만 아니라 오장(五臟)의 상태가 반영되어 드러나는 자리이다. 중심은 본래 갖추고 있는 자리가 아니다. 중심은 세워서 갖춰 주어야 하는 자리이다.

의식의 진보를 통해 내부의식을 발현시키기 위해서도 중심은 반드시 갖추어야 한다.

몸의 위치로 보면 명치 위 1cm, 속으로 5cm 들어간 지점이 중심자리이다. 그 자리를 인식해서 중심을 세우고 진보시

---

[5] 한자리 : 뚜렷이 인식할 수 있는 대상.
[6] 조견(照見) : 중심을 통해서 경계를 비추어 봄.
[7] 공(空) : 의식의 근본. 비어서 없다는 뜻이 아니라 뚜렷이 존재하되 드러나지 않았다는 의미이다.
[8] 칠식(七識) : 생명이 갖출 수 있는 일곱 번째 의식. 불교 용어로는 말나식(末那識)이라고 한다.

켜 나간다.

경계(境界)란 자기를 볼 수 있는 척도를 말한다. 경계에는 심식의(心識意)⁹⁾로서 안의 경계가 있고 색성향미촉법(色聲香味觸法)으로서 밖의 경계가 있다. 수행자가 안팎으로 접해지는 모든 경계를 대할 때는 자기를 보는 척도로 삼을 뿐 그 이상의 의미를 부여하지 않아야 한다.

근본(根本)은 자기를 이루고 있는 모든 의식이 비롯되는 자리이다.

근본은 의식(意識)이 쓰여지고 있기에 명백히 있으나 드러나지는 않아서 공(空)하고 무상(無相)¹⁰⁾하다.

여타의 수행법들에서는 각성(覺性)¹¹⁾은 얘기하나, 중심을 다루지는 않는다. 중심이 없이 각성만 있으면, 그 각성은 진보되지 않으며 항상 유지되지 못하는 한계가 있다. 수행자가 중심을 갖추지 못하면 경계는 주시할 수 있어도 근본을 비추

---

9) 심식의(心識意) : 심(心)은 희노애락우비고뇌(喜怒哀樂憂悲苦惱)인 감정이고, 식(識)은 안이비설신의(眼耳鼻舌身意)인 의식이고, 의(意)는 주시자 또는 각성으로 심과 식을 쓰게 하는 의지이다. 그 중 식은 육식뿐만 아니라 혼의식과 외부의식으로 이루어진 칠식(七識), 여래장(如來藏)이라 불리는 공통의식인 팔식(八識), 구경열반(究竟涅槃)인 구식(九識)이 있다. 일반 불교에서는 칠식을 말나식(末那識), 팔식을 아뢰야식(阿賴耶識)이라고 한다.
10) 무상(無相) : 대상이 없다는 말로써 공(空)과 같은 의미이다. 생명의 근본을 이르는 말이며 일체 망집을 벗어 버렸을 때 다다를 수 있는 경지이다.
11) 각성(覺性) : 자기를 지켜보는 의지적인 힘.

어 볼 수가 없다.

그래서 관을 하려면 가장 먼저 중심을 세워야 한다.

수많은 방편(方便)[12]이 있지만 모든 방편은 오직 중심을 세우기 위해서 존재할 뿐이지 그 이상의 의미가 없다. 때문에 중심이 세워지는데 쓰여지지 못하는 방편은 제 구실을 못하는 방편이다.

---

12) 방편(方便) : 그때그때의 단계에 따라 편하고 쉽게 이용하는 수단. 부처나 보살이 진실한 가르침으로 이끌기 위해 임시로 세운 법문을 뜻하기도 한다.

삼관(三觀)

중심을 통해 경계와 근본을 비추는 관은 삼관(三觀)으로 이루어진다.

삼관은 가관(假觀), 중관(中觀), 공관(空觀)을 말한다.

먼저 가관(假觀)이란 '중심을 통해서 경계를 비추는 행'을 말한다. 중심이 세워진 상태에서 그 중심을 통해 경계를 비춰보면 그저 고요한 마음[13]이 경계를 바라볼 뿐, 분별과 망상은 일어나지 않는다.

중관(中觀)이란 '중심을 세워서 그 자리를 지켜보는 것'을 말한다. 수행자는 중관을 통해서 선정을 증득하게 된다.

공관(空觀)이란 '중심을 통해서 근본(본성)을 비추는 법'을 말한다. 중심이 세워진 상태에서 중심을 통해 중심의 바탕을 비춰보면 그때 본성을 인식하게 된다.

가관, 중관, 공관, 이 삼관을 통해서 자기 근본을 알고, 자기 면모를 개발하고, 자기 존재목적을 실현할 수 있다. 가관

---

13) 마음 : 있으되 드러나지 않은 본성(本性)과 드러난 심(心), 식(識), 의(意)로 이루어져 있다. 본성(本性)은 자기를 이루고 있는 모든 의식이 비롯되는 자리이고, 심(心)은 경계에 대한 감정이다. 식(識)은 경계에 반응하는 의식이고, 의(意)는 생명이 갖고 있는 지각성으로 의지를 말한다.

법은 자기 면모를 개발하는 법이며, 중관법은 선정법(禪定法)이며, 공관법은 삼매법(三昧法)이다.

이 책에서는 선정법에 입각해서 삼매법과 가관법을 다룬다. 다시 말해서 중관을 통해 근본의 일과 경계의 수용, 그리고 면모의 개발을 이루는 방법을 다룬다.

여덟 가지 진로의 수행체계

삼관을 통해서 여덟 가지 진로의 수행을 행한다.

첫 번째 진로는 자기 중심의 일이다.
이는 자기 중심을 세우고 진보시키며 활용하는 법이다.
자기 중심을 통해 안팎을 비추는 행을 조견이라 말한다. 중심을 통해 경계를 비추는 것은, 안으로는 근본을 인식하기 위함이고 밖으로는 경계와 의식의 일치를 이루기 위해서이다. 조견을 통해 안팎을 비추게 되고 그러면서 중심의 진보가 이루어진다.

두 번째 진로는 자기 근본의 일이다.
자기 근본은 자기 의식의 발원처(發源處)다. 중심을 통해 그 바탕을 비추게 되면 그때 자기 근본이 인식된다.

세 번째 진로는 각성(覺性)을 증득하는 일이다.
각성이란 자기를 주시하는 의지적인 힘이다. 각성은 조견의 행을 통해서 키워진다. 중심을 주체로 해서 안팎의 비춤이 행해질 때 의지가 경계와 근본 사이를 넘나들면서 각성이 키워진다. 각성은 네 단계로 구분된다.

'표면적 유위각(表面的有爲覺)[14], 미세적 유위각(微細的有爲覺)[15], 일시적 무위각(一時的無爲覺)[16], 본연적 무위각(本然的無爲覺)'[17] 이 그것이다.

네 번째 진로는 자기 면모의 일이다.

자기 면모는 자기를 이루고 있는 의식체계를 말한다. 생명의 내부의식은 오온(五蘊)인 '색수상행식(色受想行識)'으로 이루어져 있다. 평범한 사람은 안이비설신의(眼耳鼻舌身意)로 이루어진 색의식만을 활용하면서 살아간다.

수의식(受意識)[18]과 상의식(想意識)[19], 행의식(行意識)[20],

---

14) 표면적 유위각(表面的有爲覺) : 고요한 중심을 통해서 육근(六根), 육식(六識)을 통해 접해지는 경계를 비추고 근본의 아무렇지 않음을 비출 수 있는 각성.
15) 미세적 유위각(微細的有爲覺) : 혼의식(魂意識)이 발현되고 외부의식이 접해지면서 드러나는 경계를 인식할 수 있는 각성. 생명의 내부의식 중 수의식(受意識)이 발현되고 수공(受空)을 증득하여야 얻을 수 있는 각성이다.
16) 일시적 무위각(一時的無爲覺) : 시각(時覺)이라고 하며 일시적으로 근본을 보는 각성. 중심을 통해 근본을 비추어 볼 때 얻어진다. 이때는 본성으로의 인식의 전환이 이루어지기 이전이다.
17) 본연적 무위각(本然的無爲覺) : 본각(本覺)이라 하며 지속적으로 근본을 볼 수 있는 각성. 인식의 전환을 통해 근본의 공(空)함이 자기 의식의 주체인 상태이다.
18) 수의식(受意識) : 혼의식과 외부의식으로 이루어져 있다. 안계(眼界), 이계(耳界), 비계(鼻界), 설계(舌界), 신계(身界), 의식계(意識界)로 구분된다.
19) 상의식(想意識) : 사유성을 뜻한다. 색의식과 수의식으로 접해지는 경계가 사유의 근거가 된다. 사유의 목적은 이치의 타파, 자기 존재목적의 설정, 상대의 존재목적을 알기 위함, 조화의 성취이다. 완전한 상의식이 발현되려면 각성으로는 무위각(無爲覺), 에너지는 심화(心火)가 쓰여져야 한다.
20) 행의식(行意識) : 자기 존재목적과 상대의 존재목적을 드러내고 주변과 조화를 성취한 것.

식의식(識意識)[21]은 중심이 활용되면서 발현되는 의식이다. 그렇기 때문에 중심을 통해 경계와 근본을 비추는 행이 돈독하게 이루어질수록 내부의식이 발현되는 폭은 넓어지고 깊어진다.

다섯 번째 진로는 자기를 제도하는 일이다.

자기제도란 자기의 습성과 관념을 제도하는 것이다. 그러기 위해서는 몸의 제도와 마음의 제도를 함께 이루어야 한다. 본성의 공(空)함을 증득하기 이전에는 가슴바탕에 세워진 중심에 입각해서 자기제도를 행하고, 본성을 증득한 다음에는 성품의 공한 자리와 그곳에서 생성되는 기운(심화[22])을 활용해서 자기제도를 행한다. 자기제도의 과정은 '장부 순화, 척추 순화, 갈비뼈 순화, 꼬리뼈 순화, 머리뼈 순화, 신경 순화'의 단계로 나누어진다.

여섯 번째 진로는 교류성의 확보이다.

스스로가 갖고 있는 의식의 역량과 근본을 주시하는 각성

---

21) 식의식(識意識) : 생명이 갖고 있는 의식의 틀. 색의식, 수의식, 상의식, 행의식의 틀로 이루어져 있다.
22) 심화(心火) : 각성이 무위각이 되었을 때 생성되는 에너지. 가장 안정되고 부드러워 마치 봄바람같이 인식된다.

의 정도, 그리고 중심의 활용성에 따라 서로 다른 차원의 교류성을 갖게 된다.

교류성의 확보는 표면적 관점에 입각한 교류, 인과적 관점에 입각한 교류, 교류적 관점에 입각한 교류, 조화적 관점에 입각한 교류로 나누어진다.

일곱 번째 진로는 자기 존재목적을 실현하는 일이다.

자기 존재목적이란 생명을 이롭게 하고 세상의 발전을 이루는데 있어서 스스로가 할 수 있는 역할을 말한다. 한 경계를 저버리고서는 자기 존재목적을 실현할 수 없다. 왜냐하면 경계와 자기간에 조화가 실현되었을 때 자기 존재목적이 실현된 것이기 때문이다.

여덟 번째 진로는 자기 인식의 틀을 깨는 것이다.

자기 인식의 틀이란 자기 인식이 활용되는 범주를 말한다. 이는 존재가 갖고 있는 여덟 가지 면모에 따라서 달라진다. '중심의 상태, 근본을 인식하는 역량, 각성의 정도, 내부의식의 발현 상태, 자기제도의 정도, 교류적 성향, 존재목적을 실현할 수 있는 역량, 자기 사상' 등이 자기 인식의 틀을 결정하는 여덟 가지 조건이다.

존재는 자기 인식의 틀에 입각해서 세상을 보고 자기를 활용한다. 자기 인식의 틀을 바로 보아서 그것을 넓혀 갈 줄 아는 사람은 삶을 발전적으로 이끌어가지만 그렇지 못한 사람은 정체된 삶을 살아간다. 예를 들면 색의식으로 자기 의식의 주체를 삼는 사람은 그저 눈으로 보고, 귀로 듣고, 코로 냄새 맡고, 입으로 말하고, 몸으로 느끼고, 머리로 생각하는 것만을 참다운 것이라고 생각할 뿐, 그 이상의 것은 믿지도 구하지도 않는다. 때문에 삶의 목표를 설정하고 실현하는 것도 그 차원에서 이루어진다. 반면 수의식이나 그 이상의 내부의식을 발현시킨 사람은 눈, 귀, 코, 입, 몸, 생각보다는 조건을 통해 드러난 중심의 상태를 참다운 것이라고 생각한다.

그래서 드러난 형상에 집착하지 않고 모든 현상을 중심을 통해 보고자 한다. 그렇기 때문에 이런 사람이 삶의 목표를 정하는 것은 색의식만을 활용하고 사는 사람의 그것과는 차원이 다르다. 경계를 통해 자기 인식의 틀을 본다는 것은 경계를 대하는 자기 마음이 어떤 차원의 내부의식이 활용되는지를 아는 것이며 또한 자기 인식의 틀을 이루는 나머지 일곱 가지 조건을 더불어 살펴볼 수 있다는 말이다.

여덟 가지 진로는 동떨어진 것이 아니라 서로 연관성이 있다. 여덟 가지의 진로가 서로 어떤 관계로 이루어졌는지 알아보자.

　수행은 중심(中心)을 세우는 것으로부터 시작된다. 그것이 바로 중심의 일이다. 중심이 뚜렷하게 세워진 상태에서 근본(根本)의 일을 행한다. 중심의 상태에 따라 근본을 인식하는 역량이 달라지게 된다. 그리고 경계를 수용하는 역량도 달라진다. 중심에 입각해서 경계와 근본을 비추면 각성(覺性)이 증득된다. 이때의 비춤을 조견(照見)이라 말한다.

　면모의 개발은 중심과 근본과 각성을 활용해서 이루어진다. 면모를 개발하는 것은 가관으로서 자기 역량을 개발하는 것이다. 이렇게 면모의 개발을 이루기 위해 쓰여진 중심과 근본 각성을 통해서 습성과 업식(業識)[23]을 다스린다. 그것이 바로 자기제도를 행하는 것이다.

　자기제도가 얼마만큼 되었는가에 따라 교류할 수 있는 역량이 달라진다. 그리고 교류할 수 있는 역량이 어느 정도인가에 따라 존재목적을 실현할 수 있는 범위가 달라진다. 존재목적이 실현됨으로써 자기 인식의 틀이 점점 넓어지고 자기 실현의 장이 커지게 된다. 이것이 바로 인식의 틀 깨기이다. 인식의 틀을 깨는 것은 생명성의 진보에 그 목적이 있다.

---

23) 업식(業識) : 쌓여진 의식. 최초의 상태에서 현재에 이르기까지 수많은 생명과의 교류를 통해서 쌓여진 것이다. 그러므로 의식 자체가 업식이라고 표현해도 무방하다.

수행자가 비록 자성(自性)의 공(空)함을 인식했더라도 이처럼 여덟 가지 진로로 자기 발전을 도모하는 것을 게을리해서는 안된다. 왜냐하면 자기를 제도하는 것과 주변 경계와 조화를 도모하는 것이 이 여덟 가지 일로써 원만해지기 때문이다.

중관, 가관, 공관이 기본이 되어서 어떤 관점으로 수행을 행하느냐에 따라 나머지 진로의 수행이 함께 진행되기도 하고 별도로 진행되기도 한다. 삼관을 통해 여덟 가지 진로의 수행을 하게 되면, 그 결과로 삼해탈(三解脫)을 얻게 된다.

해탈법(解脫法)

　삼관(三觀)을 통한 여덟 가지 진로의 수행으로 해탈(解脫)을 얻게 된다. 해탈은 허공해탈(虛空解脫), 금강해탈(金剛解脫), 반야해탈(般若解脫)로 나누어진다.

　허공해탈은 자기 밖을 제도하는 것이고, 금강해탈은 자기 안을 제도하는 것이다. 자기 밖의 제도는 경계의 제도이고, 자기 안의 제도는 자기 안에서 일어나는 습성이나 업식의 제도이다. 반야해탈은 유상(有相)[24]에서 무상(無相)으로 인식의 주체를 전환하는 것이다.
　허공해탈과 금강해탈을 이룰 수 있는 각성(覺性)은 일시적 무위각(一時的無爲覺:時覺)이고, 반야해탈을 이룰 수 있는 각성은 본연적 무위각(本然的無爲覺:本覺)이다.

　삼관(三觀)을 통해 궁극적으로 도모해야 할 것은 반야해탈(般若解脫)을 얻는 것이다. 반야해탈을 얻게 되면 삼무상(三無相)이 드러난다. 삼무상이란 가무상(假無相), 중무상

---

24) 유상(有相) : 드러난 모든 대상. 생명의 면모를 이르는 말로써 인식할 수 있는 모든 의식체계를 말한다.

(中無相), 공무상(空無相)이다.

무상이 인식의 주체가 되면 모든 경계와 그로써 창출되는 모든 가치가 무상하다. 이것이 가무상이다. 무상이 인식의 주체가 되면 중심 또한 무상해서 세울 것도 없고 진보시킬 바도 없다. 이것이 중무상이다. 무상이 인식의 주체가 되면 따로이 근본을 구하지 않는다. 이것이 공무상이다.

삼관을 통한 여덟 진로의 수행은 모두 아홉 단계로 이루어진다. 그리고 삼관을 통해서 삼해탈을 얻고, 삼해탈을 통해 삼무상으로 들어간다.

세상에 존재하는 모든 수행체계와 사상, 철학, 종교는 여덟 가지 진로의 수행체계 안에서 어느 한 부분에 해당된다. 그러니 수행의 총체적인 틀을 바로 알면 능히 천하의 모든 도(道)를 하나로 꿸 수 있다.

여덟 진로에 입각한 아홉 단계 수행, 그 첫 번째 단계

一化

습성에 빠지지 않으려면
의식과 감정에 입각해서 살지 말고
중심에 입각해서 살아야 한다.

의식과 감정에 입각해서 사는 것은 중생의 삶이요,
중심에 입각해서 사는 것은 성인의 삶이니,

스스로의 말이 중심에서 나오도록 하고
스스로의 생각 또한 중심에서 일어나도록 하라.
그러할 때 비로소 습성에 이끌리지 않았다고 말한다.

중심을 세우고 그것에 입각해서 살면
절반의 조화는 이루어진다.

심과 식은 업이다.
이는 경계로 인해 쌓여지고
경계로 인해 표출된다.

얕은 물에는 배가 뜰 수 없나니
어찌 사공이 되어 많은 중생을 건넬 수 있겠는가!
심·식·의는 그와 같아서
그로서는 제도를 행할 수 없다.
중심의 일이여! 넓고도 깊구나.
근본의 일이여! 무한하여 측량할 길이 없도다.

중심을 세워서 쓸 줄 알게 되면
비로소 배를 띄울 수 있는 강을 만난 것이다.

一化圖

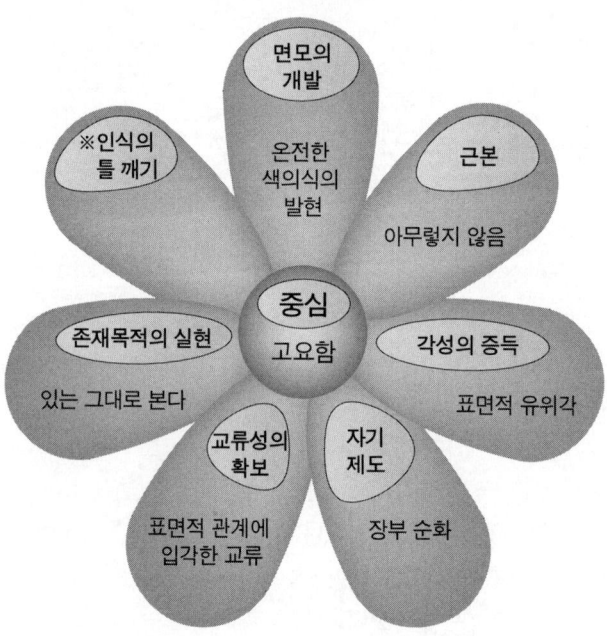

※ 인식의 틀 깨기

중심 : 고요함 → 담담함
근본 : 아무렇지 않음
　　　→ 표면의 움직임과 움직이지 않음에 관여되지 않음
면모의 개발 : 색의식의 발현 → 수의식의 발현
각성의 증득 : 표면적 유위각 → 미세적 유위각
자기제도 : 장부 순화 → 척추 순화
교류성의 확보 : 표면적 교류 → 인과적 교류
존재목적의 실현 : 있는 그대로 → 상대와 의식의 일치 도모

1. 중심의 일

一化의 시작은 중심(中心)을 세우는 것이다.

중심이란 가슴의 바탕에 세워진 심(心)의 주체이다. 이는 본래부터 갖추고 있는 자리가 아니라 세워서 갖추는 자리이다. 중심을 세우고 활용하며 진보시키는 법을 통틀어서 중제(中諦)[1] 라 한다.

1) 중심 세우기

중심의 위치는 앞서 언급했듯이 명치 위 1cm, 속으로 5cm 들어간 지점이다. 가만히 그 자리에 의지를 두고 무엇이 느껴지는지를 살펴보자.

이처럼 중심자리의 느낌을 살펴서 느낌의 유무를 구분하는 것 자체가 중심을 보는 것이다.

이때 아무 느낌이 없다면 느낌 없는 그 자체를 지켜보고, 느껴지는 것이 있다면 그것을 지켜본다. 이때 편안함이 아닌 아픔이나 답답함 또는 울렁거림 같은 것이 느껴진다면 옴 수

---

[1] 중제(中諦) : 중심을 세우고 중심을 활용하고 중심을 진보시키는 법을 포괄적으로 다룬 법.

련²⁾을 통해 장부 순화³⁾를 해야 한다.

때로는 빛이나 형상, 소리가 인식되기도 하는데 이것은 내재된 업식이나 외부의식(外部意識)⁴⁾으로 인해 생기는 것이다. 처음 중심을 세우고자 할 때 가장 많은 영향을 받는 것이 장부의 상태인데, 그렇기 때문에 그 상태를 원만하게 개선시키는 것이 중요하다.

장부 순화의 과정이 원만히 이루어지면 중심자리에 항상 편안함이 깃들어 있다.

중심이 세워지지 못하는 데는 크게 3가지 이유가 있다.

첫째는 중심자리를 인식하지 못해서이다.

중심을 세우는 법을 알지 못하기 때문에 중심자리를 인식하지 못한다. 그러므로 중심을 세우는 법을 얻어야 한다.

둘째는 장부의 고유성(固有性)⁵⁾이 깨어져서이다.

---

2) 옴 수련 : 소리의 파동을 이용하여 탁기와 음기를 제거하고 중심으로 기운이 모이도록 하는 수련법. 장부 순화에 탁월하다.
3) 장부 순화 : 장부의 고유성이 갖추어지고 장부의 연계성이 원만히 이루어지도록 하는 것.
4) 외부의식(外部意識) : 자기 주체의식이 아니면서 자기에게 영향을 미치는 외부존재. 육체로 존재하는 생명과 영혼으로 존재하는 생명이 있다.
5) 장부의 고유성(固有性) : 장부 자체가 갖고 있는 서로 다른 역할.

의식의 부정성으로 음기(陰氣)⁶⁾가 생겨나고 음기가 장부로 유입되어 장부가 음화되면, 장부의 고유성이 깨진다. 이때는 옴 수련으로 장부를 씻어 주어서 장부 순화를 행한다. 그 외에도 장부를 순화하는 법에는 여러 가지가 있다. 장부 그리워하기, 사념으로 장부 씻어 주기, 묵운오행법(默運五行法)⁷⁾ 등이 그것이다.

셋째는 장부의 연계성(連繫性)이 단절되어서이다.

장부간의 균형이 깨어졌기 때문에 장부의 연계성이 단절된다. 중심을 세워서 중심의 편안함으로 중심과 각 장부의 중추점(中樞點)을 연결함으로써 장부의 연계성을 바로잡을 수 있다.

중심이 세워졌다면 중심자리에서 편안함이나 고요함이 인식된다. 중심은 심(心)의 주체로 '심왕(心王)'이라 부른다. 중심이 세워지면 심왕이 갖추어졌다고 한다. 심왕이 세워지면 오장을 다스릴 수 있는 주인이 생긴 것이다.

---

6) 음기(陰氣) : 신경활동에 쓰여지는 에너지. 왕성하면 번뇌가 되고, 정도 이상 과도하면 외부의식의 침해로 병이 될 수 있다.
7) 묵운오행법(默運五行法) : 중국 도가(道家)에서 전해 내려오는 장부 순화의 공법.

반면에 중심이 세워지지 않으면 장부간의 연계성이 단절된다. 중심과 오장은 서로 연결되어 있다. 때문에 중심에서는 오장의 상태가 드러난다.

중심이 세워지면 장부의 균형이 바로잡히고 장부의 상태가 다스려진다.

▶ 장부의 중추점

간의 중추점은 오른쪽 옆구리 정중앙선, 밑에서부터 2번째와 3번째 갈비뼈 사이에 속으로 1cm 정도 들어간 자리이다. 중추점의 피부 표면만 자극해도 간 전체가 자극된다.

비장의 중추점은 왼쪽 옆구리 정중앙선 맨 밑 첫 번째 갈비뼈 부위에서 심장 쪽 사선 방향으로 2cm~3cm 정도 들어간 자리이다.

폐의 중추점은 명치를 지나는 수평선과 양쪽 유두(乳頭)를 아래로 지나는 수직선이 직각으로 만나는 지점에서 속으로 1cm 정도 들어간 자리이다. 손바닥으로 갈비뼈를 쓸어보면 움푹 패인 부위가 있다.

심장의 중추점은 왼쪽 폐의 중추점과 동일하다.

신장의 중추점은 흉추 11번째에서 12번째 사이에 양쪽 등 근육이 솟아오른 부위에서 속으로 2cm 정도 들어간 자리이다. 혹은 양쪽 엄지손가락을 겹쳐서 명문에 대고 손을 펴서 손등을 등에 붙이면 손목이 닿는 등 근육 부분이다(간의 중추점에서 옆으로 등 쪽으로 돌아가서 등 근육과 만나는 점과 거의 동일하다).

2) 중심과 중추점 연결

장부의 연계성을 바로잡기 위해 중심과 각 장부의 중추점을 연결하는 것은 다음과 같이 행한다.

중심과 간, 중심과 비장의 중추점을 의념으로 연결한 다음에 간과 비장의 중추점도 서로 연결한다. 간과 비장은 인체의 좌우 균형을 잡아 주는 중요한 역할을 한다.

다음은 양쪽 신장과 중심을 서로 연결한 후, 신장과 신장끼리도 의념으로 연결한다. 그 다음은 중심과 폐, 중심과 심장의 중추점을 서로 연결한다.

심장과 신장은 몸의 상하균형을 잡아 주는 역할을 하며 이것이 깨지면 혈압이 높아진다.

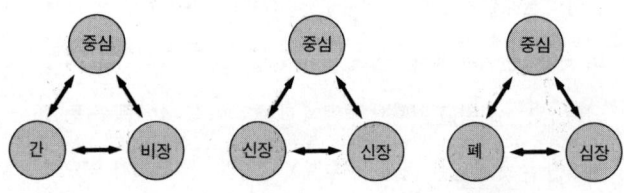

필요에 따라 그림처럼 연결을 따로따로 해보다가 한꺼번

에 중심과 오장을 연결해 보기도 한다.

나중에 명문[8]의 선천기(先天氣)[9]가 발현되면 충맥[10]을 통해 명문과 오장을 연결해 본다.

---

8) 명문 : 요추 둘째 마디와 셋째 마디 사이에 위치.
9) 선천기(先天氣) : 혼을 몸으로 삼고 있는 에너지. 혼을 이루고 있는 물질입자가 생명의 의식변화에 적응하기 위해 분열하고 융합하면서 생성된 에너지로 육체를 가지면서 오장에 나누어서 저장된다.
10) 충맥 : 명문에서 각 장부로 연결된 경락. 백회-회음은 충맥의 마지막 라인이다.

3) 중심을 세우는 방편

중심을 세우는 법에 있어서는 방편에 구애받을 필요가 없다. 어떤 방편을 통하든 중심이 세워지면 그것으로 족하다. 옴 수련, 주력(呪力)[11], 염불(念佛)[12], 화두(話頭)[13] 등 어떤 방편을 통해서건 중심이 세워지면 그때 면모의 개발로 넘어간다. 중심의 편안함이나 고요함이 갖춰졌을 때, 그때를 일러 일선정(一禪定)에 들었다고 말한다.

---

11) 주력(呪力) : 특정한 어귀나 문장을 반복하여 되뇌이면서 중심을 세운다. 처음에는 머리 속에서 되뇌이지만 가슴바탕에서 되뇌이면 훨씬 효율적이고 진보가 빠르다.
12) 염불(念佛) : 음률관(音律觀:음을 통해 안으로는 감정 순화, 밖으로는 공간제도)의 일종. 염불을 할 때는 지극함이 중요하며 모든 행위가 가슴바탕에서 이루어지도록 해야 한다. 보통 경구(警句)나 성인의 명호(名號)에 음을 덧붙여 사용한다.
13) 화두(話頭) : 의심을 방편으로 하여 무상을 보는 법이다. 의심을 탐구하되 가슴바탕의 고요함을 잃지 않아야 한다. 그러기 위해서는 의식분리를 이루어야 한다.

2. 면모의 개발

一化에서 면모의 일은 온전한 색의식(色意識)을 발현시키는 것이다.

면모의 일은 자기 내부의식을 발현시키는 것을 말한다.

생명의 내부의식은 색(色), 수(受), 상(想), 행(行), 식(識)의 오온(五蘊)으로 이루어졌다.

그 중 색의식은 눈, 귀, 코, 입, 몸, 생각(안이비설신의)이 주체가 되어서 보고, 듣고, 냄새 맡고, 말하고, 느끼고, 생각하는(색성향미촉법) 작용으로 드러나는 의식이다.

1) 색의식(色意識)

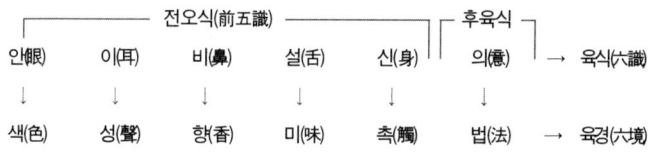

색의식의 체계 중 의식도 전오식〔眼耳鼻舌身〕과 후육식〔意〕으로 나뉘어진다. 전오식(前五識)에 의지(意志)가 더해

진 것이 후육식(後六識)이다. 안이비설신(眼耳鼻舌身) 안에 저장된 정보가 어떤 경계를 접해서 표출될 때 의지가 그것을 지각하면 그것이 생각[意]이 된다.

평범한 사람들도 색의식을 활용하고 살아가지만 온전한 색의식이 발현되었다고 할 수 없다. 왜냐하면 각성(覺性)이 없어서 경계에 나를 빼앗겨 버리기 때문이다. 표면적 유위각(表面的有爲覺)을 얻게 되면 그런 한계에서 벗어날 수 있다.

2) 온전한 색의식의 발현

온전한 색의식의 발현이란 인식의 주체가 뚜렷해서 인식의 대상을 저버리지 않은 것을 말한다. 중심에 입각해서 인식의 주체와 인식의 대상을 더불어서 인식할 때 비로소 온전한 색의식이 발현되었다고 한다. 이렇게 되려면 중심을 통해 안팎을 비출 수 있어야 한다. 이때는 눈으로 경계를 보는 것이 아니라 중심을 통해서 경계를 비추는 것이다.

중심을 통해서 경계를 비추지 못하고 의지를 통해서 경계를 비추면 일시적으로 각성을 유지시켜 갈 수는 있지만 지속시켜 가지는 못한다. 그리고 나머지 일곱 진로의 일(근본의 일, 면모의 일, 자기제도의 일, 중심의 일, 교류성의 확보, 존재목적의 실현, 인식의 틀 깨기)도 원만하게 행할 수가 없다. 왜냐하면 의지를 통해서 비춤을 행할 때는 경계를 지켜보는 것을 목적으로 삼기 때문에 그 이외의 행을 할 수가 없기 때문이다.

중심의 고요함으로 안에서 일어나는 의식작용과 밖으로 접해지는 경계를 비출 수 있어야 한다. 항상 고요한 중심에 의지를 둔 상태에서, 보고 듣고 느끼고 생각할 수 있어야 한다. 중심을 잃어버린 상태에서는 온전한 색의식이 발현되지 않고 경계에 나를 빼앗기거나 거부심을 일으키게 된다. 그러니 온전한 색의식을 갖추고 사는 것도 쉽지 않은 일이다. 항상 중심으로 비추어서 깨어 있어야 색의식이 온전하게 발현된다.

중심을 통해 안팎의 경계를 비추는 첫 단추가 제대로 끼워진 사람은 이후의 수행이 수월하지만, 그렇지 못하면 이후의 수행이 어렵게 된다.

3. 근본의 인식

중심이 고요한 상태에서 근본을 인식하려면 중심의 바탕에서 아무렇지 않은 자리를 인식해야 한다. 아무렇지 않다는 것은 경계를 통해 인식할 수 있는 상대적 관념이다. '관여되지 않는다', '아무렇지 않음으로 경계를 본다', '의미를 부여하지 않고 경계를 본다', '분별없이 경계를 본다' 등등이 전부 같은 표현이다.

고요함이 중심이 되었을 때는 근본을 보는 것이 원만하게 이루어지지 않는다. 왜냐하면 의식의 근본은 공(空)하고 무상(無相)한데 아직까지는 공한 자리를 볼 수 있는 각성이 없기 때문이다.

때문에 이때는 접해지는 경계 자체를 중심에 비추어 보면서 근본의 일을 행한다. 중심의 상태가 깊어지고 자기를 주시하는 의지적인 힘이 키워질수록 근본을 비추는 행도 더욱 더 익숙해진다.

一化에서 근본을 보는 것은 경계를 대하는 아무렇지 않은 마음을 보는 것이다.

여기서 중심의 고요함, 편안함이나 근본의 아무렇지 않음은 크게 다를 바가 없다. 중심은 심(心)으로 편안하고, 근본은 식(識)으로 일어나지 않아서 아무렇지 않다. 이때 식의 아무렇지 않음을 중심의 바탕(중심의 뒤쪽 공간)에서 인식해야 한다. 식 자체만으로는 아무렇지 않을 수 없다. 식이 중심의 바탕에서 동떨어져 버리면 식은 자동적으로 분별을 일으키기 시작한다. 식이 중심에서 일여(一如)가 되어야 아무렇지 않음이 생기며, 이때부터 이면(근본)에 대한 인식력이 키워지기 시작한다.

1) 근본의 인식과 중심의 진보

중심의 편안함과 근본의 아무렇지 않음이 합쳐져서 중심이 진보되고, 이렇게 진보된 중심은 이선정(二禪定)의 중심이 된다. 중심이 근본을 만났을 때 한 단계씩 진보된다(一化에서 九化까지 중심의 진보는 같은 방식으로 이루어진다).

중심의 표면을 의지로 관하며 육식(六識)을 사용하다 보면 식(識)이 달라붙어 중심과 하나가 된다. 이것을 심식일여(心識一如)라고 한다. 심식이 일여가 되면 안이비설신의(眼耳鼻舌身意)의 육근(六根)이 중심과 관(대롱)으로 연결된 것 같은 느낌이 생긴다. 중심에 입각해서 심식일여를 이루어야

심(心), 식(識), 의(意)가 조화적 관계가 된다. 중심이 세워지지 않았거나, 중심을 세웠어도 심식일여를 이루지 못했다면, 심식의(心識意)가 서로 다투게 된다. 감정[14]이 일어나면 생각으로 억누르려 하든지, 생각이 치달으면 의지로 붙잡으려 한다.

2) 심식의(心識意)의 관계

서양철학의 경우 대개 이성(식+의)이 주(主)가 되어 심과 의를 억누르는 것을 자기를 다스리는 것이라 한다. 동양철학의 경우에는 의(意)가 주(主)가 되어 심과 식을 억눌러 심식(心識)을 규제하는 것을 자기를 다스리는 것이라 한다.

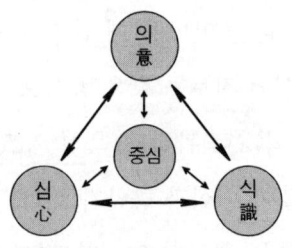

---

14) 감정(感情) : 감정의 바탕은 혼(魂)이고, 희노애락우비고뇌(喜怒哀樂憂悲苦惱)로 나누어진다. 감정은 '느낌'이고, 느낌은 '여운'이다. 식(識)이 내부적 교류와 외부적 교류를 행할 때, 그 여운이 물질에 내재되고 거기에 분별이 더해지면서 감정이 생긴다.

하지만 이것은 스스로를 조화스럽게 하는 것이 아니다. 오히려 끊임없이 부딪치게 하는 것이다. 유교에서도 심식의가 다투지 않고 화평한 것을 중용(中庸)이라 하고, 중용은 심식의가 도(본성)에 의지하는 것이라고 말한다.

심식의가 조화를 이루면 수행이 재미있다. 수행뿐 아니라 어떤 행위를 해도 재미있다. 수행은 자기 자신과 친해지는 일이다. 특히, 중심과 친해지고 근본과 친해지는 일이다. 그런 만큼 수행은 재미가 있어야 한다. 그러기 위해서는 심식의의 일여를 이루어야 한다.

一化 단계에서 심식일여(心識一如)를 이루기 위해서는 중심의 고요함이 먼저 갖춰져야 한다. 그런 다음 중심을 통해서 그 바탕의 아무렇지 않은 자리를 보려는 지극한 의지를 내야 한다. 그런 과정을 통해 심식의 일여는 저절로 이루어진다. 심식의 일여를 통해 근본에 대한 인식력이 커지면서 에너지도 깨어나고 중심도 진보한다.

4. 각성의 증득

一化의 과정에서 각성(覺性)의 일은, 표면적 유위각(表面的 有爲覺)을 얻는 것이다. 표면적 유위각이란, 고요한 중심을 통해서 육근(六根), 육식(六識)으로 접해지는 경계(육경:六境)를 비추고, 근본의 아무렇지 않음을 비출 수 있는 각성이다.

1) 각성(覺性)

각성은 곧 지각성(知覺性)[15]이요, 인식력(認識力)이다. 이는 비추어 봄으로써 얻어진다. 의지가 스스로를 드러내는데 쓰여지면 '에고(ego)'[16]가 되고, 스스로를 비추는데 쓰여지면 '각성(覺性)'이 된다. 중심을 통해서 경계와 근본을 비추면서 각성이 키워진다.

2) 본성(本性)과 각성(覺性)의 차이

흔히 '본성'이 '각성'이라고 생각하는 경우가 있다. 이것

---

15) 지각성(知覺性) : 최초의 의지. 거부의식으로 변하여 생명이 세분화되는 원인이 된다.
16) 에고(ego) : 개체적 틀로써 존재하는 모든 생명이 갖고 있는 자기 보호의식.

은 본성과 각성의 개념을 혼동하기 때문에 생기는 오류이다.

각성은 크게 유위각과 무위각으로 나뉘어진다. 유위각은 심식의(心識意)를 살피는 각성이고, 무위각은 본성을 살피는 각성이다.

무위각을 얻었을 때는 깨달았다고 할 수 있지만 그렇지 못하고 유위각만을 얻었을 때는 깨달았다고 할 수가 없다. 때문에 각성의 일과 본성의 일은 서로 다른 부분이 있고, 또 같은 부분이 있다.

본성은 각성의 상태에 따라서 인식의 대상이 되기도 하고 인식의 주체가 되기도 한다.

각성은 유위각으로서의 두 단계와 무위각으로서의 두 단계로 나눌 수 있다. 유위각의 경우는 표면적 유위각과 미세적 유위각(微細的有爲覺)으로 나뉘고, 무위각의 경우는 일시적 무위각(一時的無爲覺)과 본연적 무위각(本然的無爲覺)으로 나뉜다.

각성을 놓고서 일시적 무위각까지는 본성이 인식의 대상이 되고, 각성이 인식의 주체가 된다. 하지만 본연적 무위각의 경지부터는 본성이 인식의 주체가 되고 심식의(心識意)와 모든 경계가 인식의 대상이 된다.

완전한 깨달음이란 본성이 인식의 주체가 되었을 때를 말하는데, 이때가 바른 본연적 무위각이 얻어진 때이다.

본연적 무위각이 얻어지기 전까지는 각성의 일과 본성의 일이 서로 다르지만 본연적 무위각이 얻어지면 각성의 일과 본성의 일이 다르지 않다.

3) 중심을 통해 조건함으로써 각성을 얻어라.

흔히 본연적 무위각을 얻지 못하고서 유위각만을 얻은 것을 깨달은 것이라고 생각한다. 이때 일시적인 무위각이라도 제대로 얻었으면 그나마 다행이지만 그렇지 못하고 잠깐 빈 것에 대한 감각을 얻은 것을 깨달았다고 생각한다. 그렇게 되면 빈 것에 대한 맛을 보고서도 그것을 지속시켜 나가지 못하게 된다. 이렇게 되는 것은 조건을 통해 각성을 얻지 못했기 때문이다.

중심을 통해 각성을 얻었다면 항상 중심을 세워서 그와 같은 각성을 지속시켜 갈 수 있지만, 중심을 세우지 않고 어느 날 문득 몸이 비워져서 생긴 인식은 그 상태를 지속시켜 갈 수 없다. 또 그런 상황이 갑자기 찾아오지 않은 이상 그것을 인식할 수도 없다.

그렇기 때문에 이러한 한계에서 벗어나기 위해서는 반드시 중심을 통해서 근본과 경계를 비추면서 각성을 얻어야 한다. 각성을 돈독히 하려면 각 단계의 선정법을 익숙하게 익혀야 한다. 일선정(一禪定)부터 비상비비상처정(非想非非想處定)[17]에 이르기까지 차례대로 각각의 단계를 능숙하게 넘나들 수 있도록 해야 한다.

집을 지을려면 큰 기둥감만 필요한 것이 아니라, 작은 쐐기에서부터 벽돌 등 다양한 자재들이 모두 필요하다. 그렇듯이 일선정이 낮은 단계라 하여 대충 넘어가려고 해서는 안 된다. 확실하게 닦아서 각각의 선정들을 내 것으로 만들 때 돈독한 각성이 갖춰진다.

4) 위빠사나(Vipassana)의 한계

흔히 위빠사나를 수행하는 사람들은 자기 주시를 통해서 접해지는 경계를 '있는 그대로 본다'고 한다. 하지만 생각의 흐름이 같이 인식되는 상황에서는 경계를 있는 그대로 보는 것이 불가능하다. 생각의 흐름을 통제하려고 접해지는 경계

---

17) 비상비비상처정(非想非非想處定) : 팔선정(八禪定)의 경지. 아라한과(阿羅漢果)에 해당한다.

에 모든 의지를 집중하지만 그 상태가 지속되지 못한다. 더군다나 그런 상황에서는 근본의 일을 할 수가 없다.

자기 챙김을 통해서 어느 정도 각성이 키워지면 경계에 대한 분별심(分別心)이 다스려질 수 있다. 하지만 이런 경우라도 자기 습성이 발현되는 한계적 경계를 접하게 되면 자기를 주시하는 각성마저도 잃어버리게 된다. 이처럼 위빠사나로 수행하는 경우뿐 아니라 다른 방편으로 수행을 해도 중심이 갖춰지지 않은 상태에서는 한계를 극복하기가 참으로 어렵다.

하지만 중심을 통해 조견(照見)하는 경우에는 중심의 진보를 이룸으로써 그와 같은 한계에서 벗어난다.

5. 자기제도

一化에서 자기제도의 법은 장부 순화이다.

여기서 자기제도란 자기를 이루고 있는 몸의 구조물(構造物)과 업식을 제도하는 일이다.

1) 몸을 이루는 구조물

자기제도를 위해 쓰여지는 몸의 구조물은 뼈[18]와 핏줄[19], 근육[20]과 힘줄[21], 피부[22]와 신경[23]이다.

2) 업식(業識)

업식은 표면적인 업식과 미세적인 업식, 그리고 외부로부터 전이된 업식이 있다. 각각의 업식들은 각 장부에 흩어져서 내장되고 다시 뼈에 내장된다.

---

18) 뼈 : 신장이 근본이 되어 세워진 구조물로 오행상 수(水)에 해당한다.
19) 핏줄 : 심장이 근본이 되어 세워진 구조물로 오행상 화(火)에 해당한다.
20) 근육 : 비장이 근본이 되어 세워진 구조물로 오행상 토(土)에 해당한다.
21) 힘줄 : 간이 근본이 되어 세워진 구조물로 오행상 목(木)에 해당한다.
22) 피부 : 폐가 근본이 되어 세워진 구조물로 오행상 금(金)에 해당한다.
23) 신경 : 머리가 근본이 되어 세워진 구조물로 머리에서 각 장부와 구조물로 에너지를 전달한다.

장부에 내장된 업식을 살펴보면 보는 업식은 간과 심장, 듣는 업식은 신장과 폐, 냄새 맡는 업식은 간과 폐, 말하는 업식은 심장과 비장, 촉감의 업식은 폐와 비장, 생각하는 업식은 뇌에 내장된다.

뼈에 내장된 업식을 보면 척추뼈는 파장이 크지 않은 사소한 거부의식이 쌓인다. 갈비뼈는 기쁨, 슬픔, 외로움 등 감정적인 성향의 업식이 내장된다. 꼬리뼈는 투쟁심, 욕정, 동물적 본능의 업식이 내재된다. 머리뼈는 전생과 연관된 강한 업식과 번뇌, 분별심, 거부심 같은 의식과 연관된 업식들이 내장된다.

3) 장부 순화

장부 순화란 장부의 고유성이 갖추어지도록 하고 장부의 연계성이 갖추어지도록 하는 것을 말한다.

장부 순화의 방법은 여러 가지가 있다.
먼저 옴 수련을 통한 장부 순화법이 있다. 그리고 장부에 대한 그리움으로 장부를 순화하는 법이 있다.
장부가 순화될 때 장부의 혼성이 깨어나서 장부의 중추점이 함께 자극되기도 한다. 이때에는 장부의 중추점을 의도적으로 자극해서 장부 순화의 속도를 높인다. 처음부터 장부의 중추점을 알고 있다면 중추점을 자극해서 장부 순화를 행한다. 그러다 보면 장부의 상태나 장부의 움직임이 느껴지기도 한다.

장부 순화는 한꺼번에 끝나는 것이 아니다. 척추 순화, 갈비뼈 순화, 꼬리뼈 순화, 머리뼈 순화, 신경 순화를 거쳐서 오장의 진액을 채취하기 전까지, 자기제도의 모든 과정을 통해 점차적이고 단계적으로 이루어진다.

최초의 장부 순화는 중심의 편안함이 어느 정도 유지되는 것을 목표로 한다. 즉, 중심에 편안함이 어느 정도 갖춰지면 첫 번째 과정의 장부 순화는 되었다고 볼 수 있다. 장부의 중추점들은 치료점이면서 소(小) 차크라(Chakra)[24]이다.

장부 순화법에 대해서는 필자의 책 『관, 쉴 줄 아는 지혜』에 상세하게 설명되어 있다.

---

24) 차크라(Chakra) : 인체의 신경 흐름과 에너지 흐름을 주관하는 일곱 개의 에너지 센터. 장부에 제공되는 서로 다른 에너지의 교류점.

6. 교류성의 확보

一化에서 교류성의 확보는 표면적 관점에 입각한 교류를 원활히 행하는 것이다. 이 말은 표면적으로 드러난 관계에 충실함을 뜻한다.

평범한 사람이 또 다른 존재와 교류를 행할 때 가장 우선시하는 것이 바로 자기 이익이다. 중생은 자기 이익을 위해 교류를 도모하기 때문에 어떤 형태의 교류를 행하든지 그 주체는 자기가 되어야 한다.

만약 누가 있어서 상대와 교류를 도모할 때 상대를 주체로 삼아서 상대의 이익을 도모해 줄 수 있는 행을 한다면 그는 중생의 습성을 벗어난 사람이다. '나는 무엇을 내세워서 저 생명에게 이로움을 줄 수 있을까?' 이런 생각으로 상대를 대하고 상대에 입각해서 자기를 활용할 수 있으면 원만한 교류성을 갖출 수 있다.

1) 교류의 네 가지 관점

나와 상대간에 교류를 행하는 것은 네 가지 관점에서 이루어질 수 있다.

표면적 관점에 입각한 교류, 인과적 관점에 입각한 교류, 교류적 관점에 입각한 교류, 조화적 관점에 입각한 교류가 그것이다. 그 중 一化 단계에서는 표면적 관점에 입각한 교류를 행한다.

표면적으로 드러난 관계에 입각한 교류는 색의식을 활용한 교류이다.

2) 유교의 교류성

유교에서 말하는 인의예지신(仁義禮智信)은 색의식에 입각한 표면적 교류이다. '인(仁)'이란 자애(慈愛)를 뜻한다.

여기서 '자(慈)'는 자식을 대하듯이 모든 경계를 보는 것이고, '애(愛)'는 대상에 대한 그리움을 놓지 않는 것이다. '의(義)'는 화합을 뜻하고, '예(禮)'는 상대에 대한 배려를 말한다. '지(智)'는 지혜를 말한다. 지혜로운 자는 경계에 물들지 않고 세파에 찌들지 않으며 스스로를 망각하지 않는다. '신(信)'은 믿음을 뜻한다. 이는 긍정적으로 대상을 보는 마음이다.

인의예지신(仁義禮智信) 다섯 가지 중에 인(仁)이 갖추어져야 나머지 의예지신(義禮智信)을 갖출 수 있다. 그러니 항상 천지만물을 대할 때 자식을 대하듯이 하고 그에 대한 지극한 그리움을 가지려는 자세가 필요하다.

이렇게 인(仁), 의(義), 예(禮), 지(智), 신(信)을 갖추면 표면적 관점에 입각한 교류를 원활하게 행할 수 있다.

3) 표면적 관점에 입각한 교류를 통해 얻어지는 결과

표면적 관점에 입각한 교류를 원활히 하는 것이 상대로부터 호응을 얻는 한 가지 길이다. 호응을 얻으려면 나를 내세우지 않으면서도 상대에게 좀더 진보된 관점을 제시해 줄 수 있어야 한다.

상대의 부정성을 먼저 보면 서로의 관계를 발전시켜 갈 수 없다. 그러므로 서로간에 발전을 도모하려면 상대의 가능성과 좋은 점을 먼저 보고 기다려 줄 수 있어야 한다.

표면적 관점에 입각한 교류가 원만히 행해지려면 우선 상대와 자기간의 관계를 명확하게 파악해야 한다. 그런 다음에 관계 이상의 범주를 넘지 않고 교류할 수 있도록 처신해야 한다.

표면적 관점에 입각한 교류를 원만하게 행하는 사람은 어떤 상황 속에서도 넘치지도 않고 부족하지도 않게 처세할 수 있다.

7. 존재목적의 실현

一化에서 존재목적의 실현은 있는 그대로 보는 것이다.

있는 그대로 본다는 것은 '분별없이 본다', '덧붙이지 않는다'는 말이다. 중심의 고요함을 통해서 안팎의 경계를 비출 때 있는 그대로 경계를 볼 수 있다. 이때를 일러 '색의식의 발현이 원만하다'고 한다.

1) 존재목적을 설정하는 목적

존재목적을 실현함에 있어 그 목표는 조화의 성취이다.

그러나 표면적 관점에 입각한 교류만을 통해서는 조화를 성취할 수 없다. 있는 그대로 경계를 보는 것은 경계에 대한 차별을 여읜 것이지만 경계와 나 사이에 원활한 교류가 이루어진 것은 아니다. 때문에 이런 상태에서는 서로가 동떨어진 관계로 있을 뿐 존재목적의 실현은 이루어지지 않는다.

수행자가 이런 상태에 정도 이상 빠져 있으면 경계와 내가 동떨어짐으로써 오는 단절감과 괴리감에 빠지게 된다. 그래서 이러한 한계에서 벗어나고자 또 다른 노력을 행하게 된다. 중심을 좀더 진보시키고, 근본에 대한 인식력도 키우고,

면모도 개발하고, 자기제도를 행하는 과정을 통해 인식의 틀을 깨는 것이 바로 이때에 해야 할 노력들이다.

  2) 있는 그대로 보는 이유

  있는 그대로 경계를 보는 것에는 두 가지 이유가 있다. 하나는 경계가 갖고 있는 올바름을 표출시키기 위해서이다. 다른 하나는 중심의 바탕에서 아무렇지 않은 자리를 보기 위해서이다.
  경계의 올바름은 경계와 의식의 일치를 이룸으로써 창출되고, 중심의 바탕에 아무렇지 않음을 인식하려면 심식(心識)의 일여를 이루어서 근본을 비출 수 있어야 한다. 근본에 대한 인식력이 향상됨으로써 중심은 한 단계 더 진보한다. 있는 그대로 경계를 보는 것은 여기에 목적이 있을 뿐 그 자체가 진리는 아니다.

8. 인식의 틀 깨기

一化 단계에 있어서 인식의 틀 깨기란, 중심의 진보를 도모해서 거기에 맞게 나머지 일곱 진로의 일을 행하는 것이다.

여기에서 중심의 진보란 중심의 고요함과 근본의 아무렇지 않음이 합쳐져서 심식(心識)의 일여(一如)를 이루는 것이다. 심식일여를 통해 一化 단계의 중심 상태인 고요함에서 二化 단계의 중심 상태인 담담함으로 진보시킨다.

근본의 관점에서 보면 중심을 통해서 비추어 보는 아무렇지 않음의 단계에서 이면의 인식으로 근본에 대한 인식력을 발전시켜 나간다.

각성은 표면적 유위각에서 미세적 유위각으로 진보하고, 자기제도는 장부 순화에서 척추 순화로 발전시켜 간다. 면모의 일을 놓고서는 색의식에서 수의식의 발현으로 넘어간다.

교류성의 확보는 표면적 관계에 입각한 교류에서, 인과적 관점에 입각한 교류로 나아간다. 존재목적의 실현은 있는 그대로 보는 것에 머물러서 생기는 한계를 벗어나 상대와 의식의 일치를 도모하는 것으로 나아간다.

여덟 진로에 입각한 아홉 단계 수행,
그 두 번째 단계

二化

二化圖

※ 인식의 틀 깨기

중심 : 담담함 → 철벽
근본 : 표면의 움직임과 움직이지 않음에 관여되지 않음 → 이면의 비워짐
면모의 개발 : 수의식의 발현 → 완전한 수의식, 상의식의 발현
각성의 증득 : 미세적 유위각 → 일시적 무위각
자기제도 : 척추 순화 → 갈비뼈 순화
교류성의 확보 : 인과적 교류 → 교류적 관점에 입각한 교류
존재목적의 실현 : 상대와 의식의 일치 도모
                          → 사상적 관점에 입각한 존재목적의 실현

1. 중심의 일

二化의 중심은 담담함이다.

담담함이란, 중심이 표면과 이면으로 분리된 상태를 말한다.

1) 중심분리법(中心分離法)

일선정(一禪定)을 통해 갖춰진 중심을 통해 그 바탕을 지켜본다. 그렇게 의지를 집중하면서 중심의 바탕을 시각적으로 인식한다.

중심의 바탕을 시각적으로 인식하려고 할 때, 처음에는 깜깜한 어둠이 인식되거나 아무것도 안 보인다. 이 상태에서는 깜깜하고 아무것도 안 보이는 것에 대해 지루하기도 하고, 답답하기도 하며, 때로는 외로움이 느껴질 수도 있다. 그렇더라도 그런 느낌을 거부하지 말고 오히려 그 어둠과 친숙해지도록 노력해야 한다. 그런 상태에서도 중심이 절로 편안해야 한다. 그리고 그 바탕에 의지를 두고 진득하게 기다릴 수 있어야 한다. 이때 느껴지는 깜깜한 어둠은 무상(無相)에 가까운 것이다.

의식은 항상 드러난 것에 친숙하다. 보이고, 들리고, 느끼고, 뭔가 드러난 것이 있어야 안심이 되도록 길들여져 있다. 그러니 빈 것이나 아무렇지 않음, 무상함과 친해지는 것은 무척 힘든 일이다. 빈 것과 친해질 수 있는 근기(根機)[1]가 갖추어져야 나중에 그것을 인식했을 때, 오랫동안 지속시켜 갈 수 있다. 깜깜한 어둠과 친해지지 못하면 빈 마음이 찾아와도 그것과 친해지지 못해서 그것을 지켜 가지 못하게 된다. 그래서 이 과정이 더욱 중요하다.

어둠과 친해져서 오랫동안 음미하여 식의 작용이 끊어지고 심과 의만 오롯한 그 상태에 몰입해야 한다. 이 상태가 지속되면 식의 작용이 쉬어짐으로써 오는 새로운 경계를 맛보게 된다. 그것이 바로 에너지의 집약으로 인해 생기는 경계이다. 식의 작용이 쉬어진 상태에서 보고 듣고 느끼고 생각하는 것에 쓰여지던 에너지가 중심에 집약되면 그 양이 엄청나다. 이렇게 되면 중심의 진보가 비약적으로 이루어진다.

이 과정을 오랫동안 음미하고 기다리지 못하면 혼의식과 업식이 표출되는 시간이 짧아진다. 그렇게 되면 혼의식이 전체적으로 발현되지 못하고 업식을 제도하는 바가 미흡해서

---

1) 근기(根機) : 누구나 가지고 있는 자질이나 능력. 근본적 바탕, 즉 본성을 나무의 뿌리 근(根)에 비유하고 그것의 작용을 기(機)라고 한다.

이후의 수행이 원활하게 진행되지 못한다. 그렇기 때문에 처음 중심분리를 이루고자 하는 사람에게는 이 과정까지만 알려 주고 두세 달 정도 충분히 어둠을 음미하도록 놓아 두고서 어떤 소식이 있었는지 묻기만 한다. 이때 느껴지는 어둠을 동굴처럼 인식하는 것이 하나의 심지법(心志法)이다. 일단 표출된 업식은 그것에 대해 아무렇지 않은 마음을 지켜감으로써 제도한다.

충분히 어둠을 음미하다 보면 표면(고요함)과 이면(아무렇지 않음)의 틈이 점점 벌어지면서 혼의식이 발현되고 업식이 표출된다.

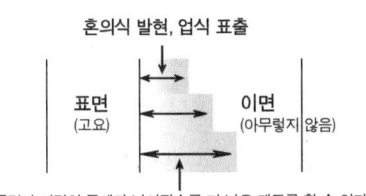

표면과 이면의 틈새가 넓어질수록 더 넓은 제도를 할 수 있다.

어둠을 음미하는 시간을 충분히 가질수록 그 틈이 점점 더 벌어진다. 그렇게 되면 좀더 많은 혼의식과 업식이 표출되면서 제도할 대상도 많아진다. 이때는 표면과 이면 사이의 틈을 가능한 한 많이 벌려서 제도할 대상을 최대한 확보해야 한다. 이것이 중심분리를 하는 한 가지 목적이다. 자기 안의 업식이 표출되면서 제도되는 과정들을 다양하게 접해 가면서 공부할 수 있으면 수행의 진척이 훨씬 빠르다.

그렇지 않고 자기제도를 행하는 과정이 없이 이선정(二禪定), 삼선정(三禪定)으로 나아가게 되면, 습성이 다스려지지 않는다. 나를 버리고 제도하는 것이 이루어지지 않는 수행은 의미가 없다. 이렇게 업식을 제도하고서도 자기 의식 속에 뿌리깊이 남아 있는 습성들에 걸려서 수행이 진척되지 못하는 한계를 맞이하는 경우도 있는데, 이것조차도 제도하지 못한다면 더 말할 것도 없다.

혼의식이 발현되고 업식이 표출되면서 드러나는 현상 중에 시각적 혼의식이 발현되면서 빛이 인식되는 경우가 있다. 이 빛은 후천기(後天氣)[2]가 집약되어서 생성되는 빛이다. 간혹 선천기(先天氣)나 심화(心火)가 일시적으로 표출되어서 드러나는 경우도 있다. 혼의식이 발현되고 업식이 표출될 때

---

2) 후천기(後天氣) : 생명이 생성해 낸 에너지(심화, 선천기)가 외부존재와 교류하면서 새로운 형태로 변형된 에너지. 음양이기(陰陽二氣)와 후천칠기(後天七氣)로 나누어진다. 음기는 부정적 성향, 양기는 긍정적 성향으로 섭취한 기운이고, 후천칠기는 해, 달, 별(화성, 수성, 목성, 금성, 토성)의 7가지 물질기운이다.

는 여러 가지 현상으로 나타난다. 산이나 들, 건물이 보이기도 하고 전생의 인과가 보이기도 한다. 눈으로 보이는 시각적 혼의식뿐만 아니라 청각, 후각, 촉각, 사념으로 드러나는 혼의식이 발현되는 수도 있다. 어둠을 충분히 음미해서 표면과 이면의 틈새를 좀더 넓힐수록 혼의식이 더욱더 다양하게 발현된다.

다양하게 접해지는 이 모든 현상에 대해 아무렇지 않은 마음으로 지켜보는 것이 중요하다. 혼의식이나 업식뿐 아니라 때로는 외부의식이 접해질 수도 있다.

그렇게 되면 고통스럽고 불편할 수도 있다. 고통이 너무 심하면 담담하던 중심이 깨어져서 흔들리게 된다. 이럴 때는 흔들리거나 고통스럽거나 불안한 모든 중심의 움직임을 표면으로 삼고, 아무렇지 않은 마음은 이면으로 삼아서 그 현상들을 지켜보아야 한다. 그렇게 하면 혼의식뿐만 아니라 외부의식도 제도할 수 있다.

이면을 주시하면서, 인식되는 모든 현상은 중심의 표면으로 삼고 의지는 이면의 아무렇지 않음을 보는데 일관한다. 이렇게 모든 현상을 표면으로 대하고 의지를 세워 표면과 이면을 같이 주시할 수 있으면, 중심의 분리를 이룬 것이다.

2) 중심분리 이후에 행하는 중심의 일

뚜렷하게 중심분리가 이루어지면 이때부터는 표면으로는 경계와의 일치를 도모하고 이면으로는 표면의 상태를 제도하면서 면모의 일과 근본의 일을 함께 행한다.

중심분리가 이루어지면 이선정(二禪定)에 든 것이다.

2. 근본의 일

二化에서 근본의 일은 표면의 움직임과 움직이지 않음에 관여되지 않는 한자리를 확보하는 것이다.

그럴려면 중심분리를 통해 갖춰진 표면과 이면을 함께 주시해야 한다. 표면이 편안하다고 해서 이면을 저버리지 말고 항상 표면과 이면을 같이 주시해야 한다. 표면에 아무것도 일어나지 않았으면 표면의 아무렇지 않음과 이면을 함께 주시하고, 표면이 일어나면 표면의 일어남과 이면을 동시에 주시한다. 이때 처음부터 곧바로 중심이 분리된 상태로 가지 말아야 한다.

1) 중심분리의 단계

① 중심의 편안함을 세우고 ② 편안한 중심의 바탕에 의지를 두고 ③ 중심의 바탕을 시각적으로 인식하고 ④시각적으로 인식된 것에 대해 아무렇지 않음을 인식한다.

이러한 일련의 과정들을 수련할 때마다 처음부터 정확하게 밟아서 중심분리를 유지하는 것이 중요하다.

2) 이선정(二禪定)과 일삼매(一三昧)

일선정(一禪定)에서의 근본은 중심의 고요함을 통해 그 바탕의 아무렇지 않은 자리를 인식함으로써 갖춘다. 이선정(二禪定)에서의 근본은 중심분리를 통해 이면을 확보하는 것으로 갖춘다. 삼매법으로는 일삼매(一三昧)에 해당된다.

이때의 근본은 동굴처럼 텅 빈 것을 상념해서 갖춰지는 것이 아니라 표면의 일어남과 일어나지 않음에 관여되지 않는 한자리를 인식함으로써 갖춰진다. 표면의 움직임과 움직이지 않음에 관여되지 않는 한자리, 그 자리가 바로 이선정의 근본이면서 이면이다.

일선정을 증득한 사람이 중심분리를 통해 이선정으로 들어가고 그 상태에서 근본을 갖추는 것은 크게 어렵지 않다. 하지만 중심분리법을 모르는 상태에서 이선정으로 들어가는 것은 참으로 힘들다. 그런 경우 표면의 움직임이 가라앉지 않은 상태에서는 이면의 아무렇지 않음을 인식하지 못한다. 오히려 중심 자체를 잃어버리게 된다. 중심분리법을 모르는 상태에서 그런 상황에서 벗어나려면 중심의 움직임을 붙잡고 오랫동안 씨름을 해봐야 한다. 그러다가 그 움직임에 대해 관여되지 않는 한자리에 대한 감을 얻게 되면 그때 비로소 이선정에 들게 된다. 대개의 경우 장부 순화가 이루어지지 않은 사람들이 후자와 같은 길을 가게 된다.

  이선정의 상태에서 근본의 일을 행하는 것은 이면으로 확보된 한자리에 지속적으로 의지를 두는 것이다. 처음에는 표면과 이면을 함께 주시하지만 나중에는 이면에만 의지를 집중해서 그 상태를 지켜가야 하는데, 그렇게 하다보면 이면에 대한 인식력이 점점 커지면서 삼선정(三禪定)으로 갈 수 있는 근기가 생긴다.

3. 면모의 개발

二化 단계에서 면모의 개발은 이면의 아무렇지 않음을 지켜가면서, 표면의 움직임을 최대한 활성화시키면서 이루어진다.

그럴려면 경계에 대한 갈망과 이면에 대한 그리움을 동시에 일으켜야 한다.

1) 표면의 활성화

이면을 지켜가면서 표면을 저버리지 않으므로 이선정(二禪定)에서는 근본의 인식과 면모의 개발을 동시에 행한다. 혼의식이 발현되고 업식이 표출되는 모든 것을 중심의 표면으로 삼고 그것을 지켜보면서 이면을 같이 인식한다.

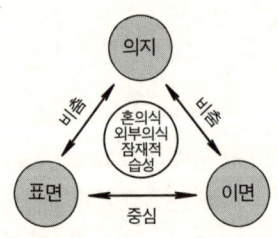

의지(각성)가 중심의 표면과 이면을 균등하게 비추면서 경계에 대한 갈망이 더해졌을 때 면모의 개발이 가장 폭넓게 이루어진다.

중심분리가 제대로 되면 장부 순화가 미흡해서 오는 장애가 있더라도 이면의 아무렇지 않음을 통해서 근본을 인식할 수 있는 상태가 된다.

마치 바람이 불어 파도가 일렁이더라도 물 속 깊은 곳은 움직임이 없는 것과도 같다.

일선정(一禪定)이 제대로 진행되었다면 편안함이 지속된다. 하지만 장부 순화가 미흡하면 편안함이 세워지지 못한다. 이런 상태에서도 이면을 인식하면 표면의 상태와 상관없이 근본의 인식이 이루어진다. 근본에 대한 인식력이 깊어지면 역으로 장부 순화가 이루어지면서 표면의 움직임이 다스려지기도 한다.

이선정(二禪定)에 얼마나 충실했는지에 따라 수의식(受意識)의 발현 정도가 달라진다. 중심분리가 충실하게 이루어져서 의지(각성)가 중심의 표면과 이면을 균등하게 비추면서 경계에 대한 갈망과 이면에 대한 그리움을 함께 일으켰다면 전체적인 수의식이 발현될 수 있다.

하지만 그 과정이 불충분하면 수의식의 발현이 부분적으로 이루어진다.

2) 수의식계(受意識界)

수의식계는 안계(眼界), 이계(耳界), 비계(鼻界), 설계(舌界), 신계(身界), 의식계(意識界)로 나뉜다.

안계(眼界)가 발현되는 것은 심장과 간에 저장되어 있던 혼의식이 표출되면서 이루어지기도 하고, 외부의식이 심장과 간에 접해졌을 때 이루어지기도 한다.
안계는 빛의 인식 또는 실제 상황의 인식, 영적인 존재의 인식, 공간이 갖고 있는 잔재사념(殘在思念)의 인식 등 다양한 현상들로 나타난다. 안계의 발현이 최대한 이루어지려면 보여지는 모든 경계에 대해 이면의 아무렇지 않은 마음을 지켜가야 한다.

이계(耳界)가 발현되는 것은 폐와 신장의 혼의식이 깨어나면서 드러나거나 폐와 신장에 외부의식이 접해졌을 때 드러난다. 이계가 발현될 때는 소리만 들리는 경우도 있고, 때로는 형상과 소리가 같이 인식되는 경우도 있다. 소리만 들릴 경우는 옆에서 속삭이는 듯한 소리가 들리거나 음악, 목탁 소리, 말발굽 소리, 비명 소리, 경 읽는 소리 등 다양한 형태로 접해진다. 때로는 의미있는 말 또는 수수께끼 같은 말이 들리기도 한다.

형상과 소리가 같이 인식될 경우는 안계와 이계가 동시에 인식되는 경우이다. 이때는 특정한 인물이 뚜렷한 형태를 갖고 나타나 의미있는 말을 할 경우도 있다. 이는 음신(陰神)의 행위이거나, 자신의 염원으로 만들어진 상념체(想念體)와 교류하는 것이거나 신경에 내재된 업식이 표출되는 경우이다.

비계(鼻界)가 발현되는 것은 폐와 간에 내재되어 있던 혼의식이 표출되면서 드러나거나 폐와 간에 외부의식이 접해져서 드러난다.

비계는 향기나 단내, 시궁창 썩는 냄새, 오징어 굽는 냄새, 시체 썩는 냄새 등 다양한 형태로 드러난다. 때로는 향내가 나는 경우도 있는데 이것은 심장의 혼의식이 깨어났을 때 나는 냄새이다.

이처럼 장부의 상태에 따라 드러나는 냄새가 있고, 외부의식이 장부에 접해져 그 장부를 자극하면서 나는 냄새들이 있다. 장부가 상했거나 외부의식이 접해졌을 때 나는 냄새로는 간은 노린내, 신장은 쩔은내, 심장은 단내, 폐는 매운내, 대장은 비린내, 비장과 위장은 악취로 나타난다.

설계(舌界)는 심장과 비장에 내재되어 있던 혼의식이 깨어나면서 드러나거나 외부의식이 심장과 비장에 접해졌을 때 발현된다. 이때에는 절제되지 않은 말이 자기도 모르게 나오기도 한다.

그 경우에는 명문의 선천기를 심장과 비장의 중추점으로 보내서 기운으로 감싸 주면 다스려진다.

또 방언[3]이나 신탁(神託)[4], 주문(呪文)[5] 등 스스로의 의지와 무관하게 말이 나오는 경우가 있다. 이 경우는 이면을 통해 스스로의 입에서 나오는 말을 주시하면 그 의미가 해석된다. 만약 이때 억지로 그 뜻을 알려고 하는 마음을 내려고 하면 설계가 닫혀 버린다.

신계(身界)는 폐와 비장의 혼의식이 발현되거나 폐와 비

---

3) 방언(方言) : 기도하는 중에 자신의 의지와 관계없이 나오는, 현재 통용되지 않는 말.
4) 신탁(神託) : 인간이 판단하기 어려운 문제를 해결하기 위해 신의 답변을 구하는 행위.
5) 주문(呪文) : 주술적인 작용을 낳게 하기 위해 입으로 외는 글귀.

장에 외부의식이 접해졌을 때 발현된다. 이때는 몸의 압박감이나 통증, 냉기, 따가움, 가려움증, 발진 등이 나타난다. 또 기감으로 이질감이나 이물감이 느껴지기도 한다.

신계는 신경의 확장이 원인이 되어 드러나기도 한다. 외부의식의 접촉인 경우는 접해지는 경로가 고정되어 있다. 외부의식은 주로 오심[6]이나 꼬리뼈로 들어온다.

신경의 확장으로 신계가 발현되는 것은 오랜 시간 동안 감정이 정체되어 있었거나, 오랫동안 몸 안에 외부의식이 내재해 있었기 때문이다. 이런 경우에는 몸이 불편해지고 때에 따라서는 고통스럽기도 한다.

이런 상황에 처해지면 거부하는 마음이 일어나지 않도록 주의해야 한다. 이때에는 중심분리를 통해 이면을 주시하면서 경계를 제도해 나가야 한다.

의식계(意識界)는 전오식계(前五識界)에 내장된 정보와 사념이 합쳐져서 나타난다. 이것을 설명하기 위해 먼저 후육식(後六識)으로써 생각이 드러나는 과정에 대해 알아보자.

육식(六識)을 통해 접해진 경계는 식(識)의 창고에 저장된다. 그 창고를 식업(識業)이라 한다. 이는 안이비설신(眼耳

---

6) 오심 : 백회, 양장심, 양족심.

鼻舌身)이라는 전오식(前五識)과 의(意)라는 후육식(後六識)으로 이루어져 있다.

생각(生覺)이란 생과 각으로 의미가 나뉜다. 생(生)은 식의 창고에 내장된 정보가 경계에 반응해서 드러나는 것이고, 각(覺)은 생(生)의 현상을 의지를 통해 판단하고 분별하는 것이다. 이러한 생각에 다시 의지가 더해지면 각성(覺性)이 된다.

각성은 의지가 스스로를 주시하는데 쓰여진 것이다. 색의식계(色意識界)에서 생각이 드러나는 것처럼 수의식계의 의식계도 앞서 설명한 안계, 이계, 비계, 설계, 신계라는 전오식계에 저장된 정보들이 경계에 반응하여 드러날 때 의지를 통한 사념이 더해져서 드러난다.

의식계가 발현될 때는 전오식계(前五識界)의 현상이 복합적으로 발현되므로 다양한 현상들이 수없이 나타난다.

3) 수의식의 발현과 수공의 증득

수의식을 이루는 전오식계와 후육식계를 발현시키게 되면 삶의 방식에 있어서 많은 변화가 일어난다.

색의식을 활용하고 그것만이 전부라고 받아들이고 살던

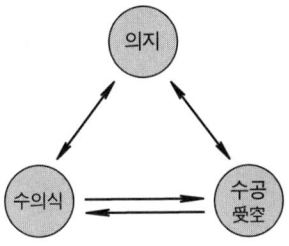

평범한 사람이 수의식계라는 광대한 세계를 인식하게 되면 생명에 대해 포괄적인 이해가 생기면서 자기 개발에 더욱더 힘쓰게 된다.

그리고 육체의 삶이 전부라고 생각하고 외부의식에 대한 거부감을 가지고 살다가, 영혼으로 존재하는 생명들을 이해하고 긍정적으로 받아들이게 된다.

또한, 평소에 나라고 생각했던 것만이 나를 이루는 전부가 아니라는 인식이 생긴다. 내가 보고 듣고 느끼고 생각하는 것들이 내 것만이 아니고 수많은 생명과 공유된 것이라는 것을 알 수 있게 된다.

수의식계가 열림으로써 드러나는 수의식에 대해 아무렇지 않은 자리, 즉 수공(受空)을 증득함으로써 미세적 유위각을 얻을 수 있다.

이 과정을 통해 인천(人天)의 스승이 될 수 있는 면모를 갖출 수 있고, 이 과정을 넘어서야 비로소 생사해탈을 얻을 수 있다.

4. 각성의 증득

二化에서 각성의 일은 미세적 유위각을 얻는 것이다.

1) 미세적 유위각(微細的有爲覺)

미세적 유위각은 혼의식(魂意識)이 발현되고 외부의식이 접해지면서 드러나는 경계를 인식할 수 있는 각성으로, 중심분리를 통해 드러나는 혼의식과 외부의식을 관찰하면서 얻어진다.

미세적 유위각을 얻는 목적은 미세망념을 제도하고 칠식(七識)의 발현을 원만하게 이루는데 있다. 몽중일여(夢中一如), 숙면일여(熟眠一如) 등은 미세적 유위각이 갖추어졌을 때 얻어지는 경지이다.

의식분리가 이루어질 때 졸리거나 잠에 빠지는 것은 미세적 유위각이 부족하기 때문이다. 잠을 자면서 표출되는 의식은 혼의식으로서 중심분리 과정에서 표출되는 혼의식과 같은 것이다.

미세적 유위각이 돈독하지 못하면 혼의식이 발현되고 외

부의식이 접해지는 경계 속에서 자기를 빼앗겨 버리게 된다. 처음 미세의식이 발현되면서 접해지는 경계를 대할 때는 그것을 좋아하거나 거부하게 된다.

하지만 미세적 유위각이 키워지고 중심의 표면으로 드러난 것을 인식하면서 이면을 바라보는 역량이 커지면 수의식계를 확장시키면서도 한쪽으로 치우치지 않고 이면의 상태를 지켜갈 수 있게 된다. 표면으로 일어나는 것을 지켜보면서 이면을 함께 지켜갈 수 있을 때 미세적 유위각이 돈독하다고 말한다.

2) 미세적 유위각을 활용한 자기제도

외부의식이 접해져서 몸이 아플 때 그 아픔에 대해서도 거부하지 않아야 한다. 이때의 아픔은 자기와 동질의 습성을 가진 존재가 접해져서 생기는 아픔이다. 때문에 그 아픔의 씨앗은 상대에 있는 것이 아니라 자기에게 있다.

수행자가 이런 마음으로 경계를 대하면 능히 그 아픔에 대해 거부하는 마음을 내지 않을 수 있다. 스스로가 갖고 있는 습성은 스스로의 영혼을 병들게 한다. 때문에 지금 이 순간 그것을 제도하고 내 영혼을 치료하려는 마음을 낸다면 그것은 큰 복이고 공덕이 된다. 이때의 제도는 아픔을 통해서 드러나는 현상들을 이면으로 비추면서 이룬다.

만약 이렇게 다가오는 경계를 싫다고 거부하면 습성을 제도할 수 있는 기회를 놓치게 된다. 처음에는 아프더라도 계속 이면으로 비추어 보고 그것에 대해 아무렇지 않은 마음을 지켜가다 보면 점차로 아픔이 사라진다.

거칠게 느껴지던 느낌들도 시간이 지나면서 그런가 보다 하고 넘길 정도로 순화가 된다.

5. 자기제도

二化에서 자기제도는 척추 순화의 과정이다. 척추 순화는 오심을 열어서 후천기를 집약하고, 선천기를 일깨워서 척추를 씻어내는 공법이다.

1) 오심 열기

오심은 양쪽 손의 장심과 양쪽 발의 족심, 그리고 두정(頭頂)의 백회이다. 장심은 노궁(勞宮)이라는 혈자리로 진동관을 통해서 열고, 족심은 용천(湧泉)이라는 혈자리로 명문에 저장된 후천기를 활용해서 연다. 백회(百會)는 기감과 의념을 활용해서 연다.

(1) 장심 열기

진동관의 첫째 목적은 기감을 일깨우고 뼈를 열어서 기운이 움직일 수 있는 통로를 만들어 주는 것이다. 그리고 두 번째 목적은 기운을 섭취해서 명문에 내장하는 것이다.
먼저 손가락 끝을 맞닿게 하는 것으로 진동관이 시작된다.

결가부좌(結跏趺坐)나 반가부좌(半跏趺坐)의 자세를 택한다. 목과 어깨를 자연스럽게 풀어 준 다음 척추를 바르게 하여 앉는다.

하지만 기감을 일깨우는 단계는 자세에 별로 구애되지 않는다. 자세나 장소에 관계없이 손 끝만 맞닿게 할 수 있으면 가능하다.

① 엄지와 검지 손가락 끝이 맞닿게 쥐고 양손을 살며시 무릎 위에 놓는다. 이때 손가락을 너무 세게 쥐지 않도록 한다. 맞닿은 손 끝에서 맥박이 뛰는 진동을 느낀다. 그러면 싸늘한 냉기 같은 것이 손가락 사이나 손 끝에서 빠져 나가는 것이 느껴지기도 한다. 이것은 몸 안의 음기가 빠져 나가면서 생기는 현상으로 계속 진동을 관하면 사라진다.

② 엄지와 검지의 손 끝에서 느끼던 진동을 손바닥 전체로 확대시켜 손바닥이 '둥둥-' 하고 울리는 것을 느낀다. 사람에 따라 '찌릿-찌릿-' 하는 전기자극처럼 느끼거나 손바닥이 뻑뻑하거나 공이 얹혀진 느낌이 들 수도 있다. 때로는 후끈한 열기를 느끼기도 하는데 이것은 기운이 손바닥에 모여서 생기는 현상이다.

③ ①번과 ②번의 과정을 충분히 반복해서 손바닥 전체로 진동이 느껴지고 기감이 원만하게 형성되면, 손바닥의 중심에 구멍이 뚫려 있다고 상상하고 그 위에 기운을 뭉쳐 공모양(이하 탁구공이라고 한다)으로 만든다. 그리고 손바닥의 중심인 장심에 구멍이 뻥 뚫어져서 그 구멍이 손목을 지나 어깨뼈까지 이어져 있다고 상상한다.

④ 숨을 들이쉬면서 손바닥이 '둥-' 하고 울릴 때, 탁구공이 장심의 구멍으로 쑥 빨려들어 간다고 의념을 준다.

이때 손목이 팔꿈치 안쪽으로 약간 잡아당겨지는 듯한 느낌을 가해 준다. 탁구공이 구멍 속으로 쑥 빨려들어가면 손목에 '쩌르르-' 하는 자극이 온다. 이것은 손바닥에 모여 있던 기운이 손목뼈를 타고 들어오면서 생기는 감각이다.

사람에 따라서 자극이 경미하거나 아예 느껴지지 않기도 하는데, 이것은 뼈에 쌓인 음기가 골수의 흐름을 정체시켜 기운의 소통을 막기 때문이다.

⑤ 손목에 '쩌르르-' 하는 자극을 느꼈다면 다시 장심에 기운을 모아 탁구공을 만든다. 그런 다음 천천히 숨을 들이쉬면서 손바닥의 진동이 '둥-' 하고 울릴 때, 탁구공을 장심

의 구멍으로 쑥 빨아들여 어깨뼈를 통해 대추혈까지 끌어올린다.

숨을 내쉴 때는, 거꾸로 대추혈에서부터 장심까지 호흡의 속도에 맞춰 의식을 옮겨서 다시 손바닥 위에 탁구공이 얹혀 있는 것을 느낀다. 이 과정을 반복하면 기운이 손목을 지나 뼈 속을 통과할 때 '쩌르르-' 하며 뻑뻑한 기감이 형성된다. 때로는 훈훈한 열기가 뼈를 타고 오르기도 하고 팔 전체가 후끈해지기도 한다.

⑥ 다음은 장심에서 명문까지 한번에 기운을 끌어들이는 과정을 진행한다. 호흡을 천천히 들이쉬면서 장심에서부터 팔목뼈를 통해 어깨까지 탁구공을 끌어올리고 계속해서 등쪽 견갑골과 늑골을 통해 대추혈, 그리고 척추를 따라 명문까지 탁구공을 끌어내린다.

이렇게 되려면 호흡과 기감, 의념이 일치되어야 한다. 명문까지 기운의 통로가 열리면, 내쉬는 호흡에는 의지가 명문에 머무르도록 한다.

장심에서 명문까지 뼈를 통한 기운의 흐름이 원활하게 느껴질 때까지 충분히 연습한다. 한 번에 되지 않는 사람은 어깨까지 또는 대추까지 나누어서 행한다.

⑦ 이미 갖추어진 뼈 속 통로로 기운을 끌어들여 숨을 들이쉬면서 명문에 저장하고 내쉬면서 명문에 의지를 머무르는 과정을 반복하여 명문에 기운을 모은다.

(2) 용천(湧泉) 열기

용천 열기를 하려면 그 전에 진동관을 통해서 명문에 후천기가 집약되어 있어야 한다. 용천을 여는 데는 몇 가지 방법이 있다.

그 중에 명문에 집약된 후천기를 활용하여 골반의 냉기를 다리 쪽으로 빼내면서 용천을 여는 공법에 대해 알아보자. 용천이 열리면 골반이 틀어지거나 그로 인해 다리가 짧아진 것도 바로 잡힌다.

자세는 몸에 힘을 빼고 엎드린 자세를 취하는 것이 좋다.

① 온몸에 힘을 뺀 상태에서 명문에 의지를 둔다. 그러면 명문에 따뜻한 느낌이 든다. 처음 하는 사람은 잠에서 막 깨어난 때가 좋다.

② 호흡을 천천히 들이쉬었다가 내쉬면서 명문에서부터

꼬리뼈 쪽으로 의지가 내려가도록 한다. 그러면 꼬리뼈가 싸늘하게 느껴진다.

③ 임의로 한쪽 다리를 택한 후, 숨을 들이쉬었다가 내쉬면서 천천히 의지를 다리 쪽으로 내린다. 그러면 허벅지 안쪽살이 '푸들푸들' 떨리거나, '두두둥-' 하는 진동이 느껴지면서 뼛속이 빽빽하게 채워진 느낌이 든다. 명문에 후천기가 집약된 정도가 약하면 이런 증상이 느껴지지 않는다.

④ 발바닥까지 기운이 내려오면, 용천에 얼음이 박힌 것처럼 싸늘해지면서 '둥둥둥-' 하고 울린다. 이때 냉기가 다 빠져 나가고 나면 후끈한 기운이 발바닥에 매달린다.

⑤ 이때가 가장 중요한 시기이다. 자칫하면 발바닥에 매달린 열기가 몸 밖으로 빠져 나가 버려서 처음부터 다시 기운을 모아야 하기 때문이다. 이것을 방지하려면 빠른 호흡을 활용해서 '나꿔채기'를 할 수 있어야 한다.
  이것은 소약[7]을 할 때도 필요한 공법이다. 발바닥으로 열

---

7) 소약 : 13개의 주춧돌을 가동해서 이루는 자기제도의 한과정.

기가 모여서 '둥둥둥-' 하고 울릴 때 코로 빠르게 '흡-' 하고 짧게 들이쉬면서 매달린 기운을 발목뼈 쪽으로 끌어들인다.

㉠ 의념으로는 빨아들이고, ㉡ 호흡은 '흡-' 하고 짧고 빠르게 코로 들이쉬고, ㉢ 감각은 발바닥이나 다리 전체를 발목 쪽으로 살짝 당기는 느낌으로, 의념과 호흡, 감각을 동시에 쓸 수 있어야 나꿔채기가 이루어진다.

⑥ 기운을 나꿔채면 다시 발목과 다리가 뻐근해지면서 기운이 허리 쪽으로 올라온다. 그러면 그대로 의념과 호흡을 활용하여 명문까지 끌어들인다.

⑦ 다리 한쪽이 열리면 나머지 한쪽도 같은 방법으로 마저 열어 준다. 양쪽이 모두 열리면 다리 두 쪽을 한꺼번에 해본다. 이렇게 해서 두 용천이 열리면 땅을 디딜 때 스펀지를 밟는 느낌이 들고 용천으로 지기를 받아들일 수 있게 된다.

발바닥이 오목한 것은 용천으로 지기를 섭취하기 위해서이다. '문수 7식' 2번 동작인 '봉황채기'(양팔을 펼치고 앉으면서 발 끝으로 땅을 움켜쥐는 듯한 공법)가 바로 용천을 여는 또 한 가지 방법이다.

(3) 백회(百會) 열기

　백회 열기는 의념과 기운을 활용한 방법으로 장심 열기가 끝난 상태 또는 장심과 용천 열기가 끝난 다음에 해야 한다.

　① 백회에 의지를 둔다. 그러면 백회 주위에 스멀거리는 기감이 느껴지거나 '파르르-' 떨리는 듯한 진동이 느껴진다.

　② 이때 따뜻한 기운이 느껴지지 않고 차가운 기운이 느껴지면 백회열기를 중단한다. 만약 그런 상태에서 기운을 빨아들이면 머리가 막히거나 두통이 생길 수 있다. 그렇기 때문에 그 느낌이 사라질 때까지 기다린다.

　이때 차가운 기운이 느껴지는 이유로 크게 세 가지가 있다.

　첫째, 상기(上氣) 때문이다. 상기가 되면 머리에 띠를 두른 것처럼 묵직하면서 냉기(冷氣)가 돌거나 혹은 머리 쪽에 열이 오른 상태가 된다.

둘째, 탁기 배출이 덜 된 때이다. 그런 때는 백회 부근이 싸늘하고 시원하다.

셋째, 외부의식이 접촉한 경우이다. 이때는 백회 주위가 스멀스멀거리면서 머리 위에서 빙빙 돌거나 몸의 전면이나 뒷면으로 냉기가 '주르르-' 흘러내린다. 또는 백회가 꾹 눌리는 느낌이 든다.

외부의식은 음식이나 호흡으로 들어오거나 냉기가 쌓여 있는 오심을 통해 들어온다. 그 중 대부분이 꼬리뼈를 통해 들어온다.

위의 증상들이 사라지고 백회나 이마 테두리에서 온화하고 따뜻한 느낌이 들거나 쇠갓을 쓴 느낌이 오면, 이때 기운을 백회로 받아들인다. 쇠갓을 쓴 느낌으로 기운이 둘러싼 경우는 기운으로 보호막이 쳐진 것이다.

옛사람들은 이때를 일러 '지극함'을 얻었다고 하였다.

③ 호흡을 들이쉬면서 백회의 기운을 머리 속으로 받아들인다. 이때는 호흡과 기감, 의념을 함께 사용한다. 빨아들인 기운을 머리 속에 머물도록 하지 말고, 곧바로 척추로 내려서 명문에 저장한다. 기운을 척추로 내릴 때는 백회와 척추가 하나의 관으로 연결되어 있다고 생각한다.

④ 만약 백회로 받아들인 기운이 척추에 저장되지 못하고 머리 속에 머물게 되면 두통이 생길 수도 있고, 멀미가 나거나 눈, 귀, 코에서 냉기가 표출되기도 한다. 그러면서 머릿속이 울렁거리고, 뇌가 부풀었다가 줄어드는 느낌과 함께 통증이 수반되기도 한다. 이것은 거친 후천기가 머리 속을 자극해서 뇌호흡이 진행되기 때문에 생기는 현상이다.

만약 통증을 견딜 만하다면 이 상황을 유지해서 일차적인 머리뼈 순화를 이루어도 좋다.

2) 척추 순화

이후의 척추 순화법은 필자의 책 『觀, 쉴 줄 아는 지혜』를 참고하기 바란다.

6. 교류성의 확보

二化에서 교류성의 확보는 인과적 관점에 입각한 교류이다. 다른 표현으로 하자면, 중심에 입각한 교류이며 칠식(七識)을 통한 교류이다.

이때 교류의 주체는 안이비설신의가 아니라 중심이다. 인과적 교류는 일선정(一禪定)을 활용한 교류와 이선정(二禪定)을 활용한 교류, 두 가지 단계로 나뉜다.

1) 일선정(一禪定)을 활용한 인과적 교류

① 중심에 고요함을 세운다.
② 경계를 중심의 고요함으로 비추어 본다.
③ 중심에 드러난 변화를 감지한다.
④ 중심이 움직이지 않고 편안하면 긍정적인 인과이고, 중심의 움직임이 불안하면 부정적인 인과이다. 중심에 비추어서 좋다고 하여 무조건 긍정적인 것이 아니라 너무 좋은 것도 부정적인 인과이다.

일선정에서의 인과적 교류는 비교적 간단한 인과를 확인

하는 방법이지만 많은 부분에서 활용될 수 있다. 중심에 편안함만 갖추어지면 누구나 할 수 있는 방법이다.

눈으로 보거나 생각으로 판단하는 것이 아니고 오직 중심으로 비추어서 행하는 교류이기 때문에 어떤 경계든지 '긍정인가?' '부정인가?' 라는 관점으로 바라볼 수 있다.

우리는 살아가면서 수없이 많은 선택을 강요받는다. 그럴 경우 극단적인 선택에서 벗어나려면 중심에 비추어서 드러나는 결과를 놓고 결정하면 된다.

이렇게 살 수 있다면 삶이 훨씬 편해진다. 이것이 선택의 굴레에서 벗어나는 한 가지 길이다. 인과적 교류는 어떤 관점을 확보해서 그 결과를 보는가에 따라 다양하게 이루어진다. 똑같은 일을 놓고 나와는 인연이 맞지 않는데 다른 사람과는 인연이 맞을 수도 있다.

2) 이선정(二禪定)을 활용한 인과적 교류

중심분리를 통해 표면과 이면을 뚜렷이 분리한 이후에 행해야 한다.

① 경계와 의식을 일치시킨다.

② 움직임은 표면에 두고, 이면을 세워 중심을 분리한다.
 상대에게서 전이된 감정, 몸 상태, 번뇌, 기타 움직임은 중심의 표면으로 삼고 그것에 대해 아무렇지 않은 마음을 인식한다.

③ 이면에 의지를 두고 표면의 상태를 살피되, 이면에 의지가 두어지는 정도에 따라 표면의 상태가 어떻게 변화되는지를 지켜본다.

④ 이렇게 하면서 인과의 무게를 가늠해 본다.
 이면에 의지를 두어서 표면의 움직임이 덜해지면 가벼운 인과이고, 이면에 의지를 둘수록 표면의 움직임이 심해지면 무거운 인과이다. 무거운 인과라면 여러 번의 제도가 필요하다.

⑤ 인과의 무게가 가늠되면, 인과가 생긴 원인을 찾기 위해 표면의 상태를 이면에 비추어 보면서 그대로 머무른다. 무거운 인과는 이면에 비추어 보는 것만으로는 해결되지 않

는다. 그렇기 때문에 이면에 비추어 보면서 그대로 머물러 제도할 수 있는 관점을 확보해야 한다.

⑥ 표면과 이면 사이가 벌어지면서 과(결과)에 결부된 인(원인)이 드러난다. 이때 드러나는 사소한 것이라도 놓치지 말아야 한다. 그래야만 제도할 수 있는 관점을 확보해서 인과에 대한 해결책을 찾을 수 있다.
　이때 과(果)에 대한 인(因)이 드러나기 위한 조건이 있다.

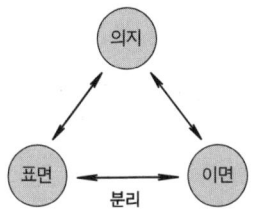

　인과는 알고자 해서 드러나는 것이 아니라, 이면에 입각해서 표면을 바라봄으로써 드러난다. 그림과 같이 중심을 표면과 이면으로 분리하여 이면에 입각해서 표면을 지켜보고 기다린다.

장부의 중추점들을 중심과 연결시킨 후에 중심을 바라보면서 기다리는 것도 한 가지 방법이다. 그렇지 않고 '감응해라' 하고 외부의식이 감응되기를 기다려서 외부의식을 통해 관점을 제시받을 수도 있다.

또는 경계와 의식의 일치를 이루어서 관점이 표출될 수도 있다. 이때는 바람이나 나무 등 자연계의 다른 존재와 교류해서 정보를 찾아낼 수도 있다. 이것은 천지만물이 모두 연결되어 있기 때문에 가능한 일이다.

⑦ 관점이 확보되면, 그것을 실행하기 위한 또 한 번의 비춤을 행한다.

이것은 실행의 시기와 방법을 알기 위해 비추는 것이다. 시기와 방법을 제대로 알지 못하고 행한다면 일을 그르치게 된다.

실행할 시기는 상대가 나를 받아들이는 자세를 보고 판단한다. 그런 관점으로 상대를 보아서 나에 대한 원망이나 의타심이 있든지, 또는 상대가 겸허함이 부족하거나 변화의 조짐이 보이지 않는다면 아직 실행할 시기가 안 된 것이다. 이런 상태에서 억지로 실행하기보다는 상대가 변화하기를 기다리는 것이 자연스럽다.

일이 성취되려면 인과적 관점의 교류를 행하기 이전에 표면적 관점의 교류가 원활해야 한다. 평소에 상대를 대할 때 인의예지신을 지키지 못하고 가볍게 보였다면 상대가 나에게 신뢰를 갖지 못한다.

인과적 관점의 교류를 행하게 되면 상대를 이끌어갈 수 있다. 그럴려면 상대에게 호응을 얻을 수 있는 진보된 관점을 제시할 수 있어야 한다. 여러 생명에게 호응을 얻어서 세상이 나의 창조성을 실현하는 무대가 되도록 해야 한다.

⑧ 상대가 제도되고 일이 성취된 이후의 일들이 있다.

먼저, 자기 상을 갖지 않아야 한다. 만약 자기 상을 가지면 상대와 나의 관계가 불편해지거나 상대에게 대가를 바라는 마음이 생길 수 있다. 그렇게 되면 그 이후의 일들이 원만하지 못하다.

다음으로 상대로 하여금 의타심을 갖지 않도록 해야 한다. 나에 대한 의존이 지나치게 되면 항상 모든 일을 나에게 의지해서 하게 되므로 상대의 창조성이 퇴보된다. 또는 나에게 집착하거나 소유욕을 갖게 될 수도 있기 때문에 의타심을 갖지 않도록 하는 것이 중요하다.

3) 상구보리(上求菩提)와 하화중생(下化衆生)

중심을 진보시키고 근본을 인식하며 면모를 개발하고 각성을 얻고 자기제도를 행하는 수행의 진로들은 상구보리의 과정이며, 교류는 하화중생의 시작이다.

내가 살아가는 목적이 세상을 아름답게 하는 것이라면 어떤 방식으로 교류해서 세상이 아름답도록 할 것인가? 이런 관점으로 스스로를 이끌어가는 것이 하화중생의 일이다. 교류의 일을 소홀히 하고서는 어떠한 성취를 이루더라도 가치가 없다.

일선정(一禪定)의 인과적 교류는 긍정과 부정을 드러내는 행이고, 이선정(二禪定)의 인과적 교류는 제도의 행이다. 인과적 교류를 잘하게 되면 과(果)에 입각한 인(因)을 드러낼 수 있는 역량이 갖춰진다. 다만 나의 역량이 부족할 뿐이지 이루지 못할 조화는 없다.

7. 존재목적의 실현

二化에서 존재목적의 실현은 상대와 의식의 일치를 도모하는 것이다. 이것은 중심의 표면을 활용한 의식의 일치이다. 경계를 중심에 비추어서 의식의 일치를 이루고 이면으로 그 상태를 비춰 본다.

인과적 관점에 입각한 교류를 통해서 능히 상대에게 이로움을 줄 수 있다. 하지만 이 단계에서는 올바름을 표출시켜서 조화를 이루었다고 보기는 어렵다. 왜냐하면 인과에는 되는 일과 안 되는 일이 있기 때문에 그 범주 안에서는 조화를 실현하기가 어렵기 때문이다.

자기가 확보한 교류성의 폭만큼 자기 실현을 이룰 수가 있다. 답답함과 짜증, 인식의 정체성은 삶의 폭이 좁아짐으로써 생긴다. 교류의 대상을 시대, 국가, 사회로 넓히면 삶의 폭이 넓어져서 존재목적을 실현할 수 있는 대상이 많아진다.

배우고자 하는 마음, 교류성의 확대, 자기를 실현할 수 있는 장(場)의 확보는 서로 맞물려 있다. 때문에 존재목적의 실현을 원활하게 이루려면 이 세 가지 관점을 함께 발전시켜 가야 한다.

좀더 넓은 세상에서 자기를 실현할 수 있는 방법을 제시해 줄 수 있는 자가 바로 스승이다.

인간 세상 속에서 인간적 성취만을 가지고 존재목적을 삼는 것도 삶의 실현을 놓고서는 한계가 있다. 인간을 넘어서 영혼의 관점에서 성취를 이루어서 인간 이상의 또 다른 세상에서 자기를 실현할 수 있는 존재목적을 세우는 것도 자기실현의 장을 넓힐 수 있는 한 가지 방법이다. 그 시작이 바로 상대와 의식의 일치를 이루는 것이다.

일치된 의식을 토대로 존재목적을 실현하고자 할 때 조심해야 할 것이 있다.

첫째는 상대의 부정적인 업장을 인식했을 때 그것을 부정적인 시각으로 보지 않는 것이다.

둘째는 능력을 갖춘 자로서 앎의 상을 갖지 않는 것이다.

셋째는 인식한 정보를 스스로에게만 이롭도록 편협되게 쓰지 않는 것이다.

넷째는 일치된 의식 자체가 실상이라고 생각하지 않는 것이다.

상대와 의식의 일치를 이룰 수 있는 사람이 위의 네 가지 장애를 극복할 수 있다면 그는 능히 무색계 안에서도 자기실현을 이룰 수 있을 것이다.

8. 인식의 틀 깨기

二化에서 三化로의 인식의 틀 깨기는 먼저 중심의 일부터 행한다. 二化의 중심은 표면과 이면으로 분리되어 담담한 상태이며, 三化에서는 표면은 철벽을 이루고 이면은 텅 비워진 상태다.

근본의 일은 중심분리를 통해 확보한 이면을 한단계 발전시켜서 뚜렷하게 비워지도록 한다. 삼매법(三昧法)을 통해서는 일삼매(一三昧)에서 이삼매(二三昧)로 이면에 대한 인식력을 키워서 수공(受空)을 증득한다.

면모의 개발은 완전한 수의식의 발현을 도모한다. 각성의 증득은 돈독한 미세적 유위각을 얻는 것을 목표로 삼는다. 자기제도는 완전한 척추뼈 순화를 이루고 갈비뼈 순화[8]로 나아간다.

교류성의 확보는 인과적 관점에 입각한 교류의 한계를 교류적인 관점으로 교류함으로써 극복한다. 존재목적의 실현은 사상적 관점에 입각해서 존재목적의 실현을 이룬다.

---

8) 갈비뼈 순화 : 갈비뼈에 싸여 있는 장부인 심장, 폐, 신장이 함께 순화된다. 순화된 장부의 부위들은 텅 빈 것처럼 인식되며, 특별히 큰 고통은 없다. 다만 가래 등 분비물들이 많이 나온다.

**여덟 진로에 입각한 아홉 단계 수행,
그 세 번째 단계**

三化

三化圖

※ **인식의 틀 깨기**

중심 :
근본 : 〉 금강지 → 해탈지

면모의 개발 : 상의식의 발현 → 행의식 발현 도모

각성의 증득 : 미세적 유위각 → 돈독한 일시적 무위각

자기제도 : 갈비뼈 순화 → 황정의 형성을 통한 꼬리뼈 순화

교류성의 확보 : 교류적 관점에 입각한 교류 → 조화적 관점에 입각한 교류

존재목적의 실현 : 사상적 관점에 입각한 존재목적의 실현 → 조화의 실현

1. 중심의 일

중심의 표면은 철벽이고, 이면은 명료하게 비워져서 공(空)한 상태이다.

중심분리 이후 삼선정으로(二化에서 三化로) 가는 데는 세 가지 방법이 있다.

첫째, 척추 순화를 이루어서 가는 자기제도법이다.

둘째, 중극(中極)[1]을 형성하고 선천기를 표출시켜서 가는 선정법(禪定法)이다.

셋째, 공관(空觀)을 통한 삼매법(三昧法)이다.

1) 자기제도를 통한 척추 순화의 방법

二化의 자기제도법과 책 『觀, 쉴 줄 아는 지혜』를 참조하기 바란다.

2) 중극 형성을 통한 공법

(1) 중극을 세우는 목적

---

1) 중극(中極) : 중심과 영대 사이에 형성되는 새로운 에너지 센터.

중심분리(中心分離)를 이루는 이선정(二禪定)의 단계에서 이면(근본)에 대한 인식력이 키워졌을 때 그것을 지속시켜 갈 수 있는 근거를 마련하기 위해 중극을 세운다.

그 결과로 선천기(先天氣)가 발현되고 그것을 임의롭게 활용할 수 있는 역량을 갖게 된다. 중극이 세워지면 선천기의 표출을 임의대로 조절할 수 있고 이면에 의지를 두는 것이 훨씬 용이해진다.

중극을 세워서 깨어난 선천기로 척추 순화를 이루고, 철벽을 이루어 삼선정(三禪定)에 들어간다. 또한 선천기를 활용하여 부분적으로 발현된 수의식(受意識)을 전체적으로 발현시킨다.

(2) 중극형성의 공법

① 표면과 이면을 뚜렷하게 분리시킨다.
② 이면에 의지를 집중한다(이면의 상태를 지켜간다).

장부의 탁기가 표출되거나 선천기가 발현되면, 이면이 꽉 채워지거나 답답함을 느끼는 등, 이면을 지켜가지 못하는 상황이 생긴다. 이 단계에서 이면을 지켜가지 못하는 한계가 느껴지면 이때 중극을 세운다.

③ 중심과 영대[2]라인을 점검한다(옴 수련, 호흡, 의념 등으로).

④ 표면의 상태를 인식한다. 그리고 이면을 세운다.

⑤ 중심과 영대 라인 선상에서 표면과 이면을 인식한다.

⑥ 숨을 들이쉬면서 영대에서 중심 쪽으로 의지를 전이시키고, 숨을 내쉬면서 중심에서 영대 쪽으로 의지를 전이시킨다(이것을 반복한다).

⑦ 숨을 내쉬면서 의지가 척추뼈 안쪽 지점에 도달했을 때 그 부위에서 머무른다. 그리고 그 상태를 살핀다.

⑧ 숨을 들이쉬면서 영대에서 중심 쪽으로 의지를 전이시킬 때 같은 위치에서 의지를 머무르게 한다.

⑨ 그 부위에 의지가 머물 때 그 자리에서 후끈한 열기가 일어나고, 열기가 척추뼈를 타고 흐르면 선천기가 깨어난 것이다.

선천기가 깨어나는 그 자리가 바로 중극이다.

⑩ 중극에 의지를 집중하고 그곳에 머무른다.

호흡은 호흡대로 지속하면서 의지는 중극에 두고 있으면

---

2) 영대 : 영대혈. 흉추 여섯째와 일곱째 마디 사이에 위치.

선천기가 더욱더 많이 표출되면서 명문에 불덩이가 매달린다.

(3) 중극 형성 후 선천기를 운용하는 방법

① 전체적인 수의식의 발현을 도모하되 중심에 철벽이 세워지기 이전에 해야 한다.
이 방법에 대해서는 면모의 개발편에서 다루어진다.
② 명문에 매달린 불덩이로 척추를 씻어내고 중심의 표면으로 기운을 이동시켜서 철벽을 세운다(이때가 삼선정의 상태임).
③ 중심에 철벽을 더욱더 돈독하게 하고 갈비뼈 순화를 도모한다.
이 방법에 대해서는 자기제도의 일에서 다룬다.

3) 삼매법

삼매법의 경우는 이면에 대한 지극한 그리움으로 일관하여 이삼매(二三昧)를 증득한다.
이 경우는 척추 순화를 이루지 않지만 결국에는 자기제도를 행하면서 그 과정을 다시 거쳐야 한다.

경계와 중심과 근본이 하나여서 삼매이고, 심과 식과 의가 하나가 되니 삼매이다. 삼독(三毒)이 변해서 삼매가 된다. 의식(집착, 분별)으로 오는 탐심(貪心)이 중심과 일여(一如)가 되고, 감정으로써 오는 진심(瞋心)이 중심과 일여가 되고, 각성이 없어 우매한 치심(癡心)이 중심과 일여가 된다. 이처럼 중심을 활용한 심식의 일여를 통해 삼매를 얻는다.

일삼매는 표면의 움직임에 관여되지 않은 것으로 이면을 인식해서 증득한다. 하지만 이면에 대한 인식력이 어느 정도 확고해지면 그때부터는 표면의 움직임에 상관없이 이면의 상태에 몰입해 버린다. 중심이 분리된 상태에서 아무렇지 않은 이면만 붙들고 늘어지는 것이 이선정에서 일삼매의 경지이다.

일삼매로 이면에 대한 인식력이 생긴 다음, 오직 이면의 자리를 온통 그리움의 대상으로 삼아 사무치게 보듬고 가다 보면 이삼매로 진보하게 된다. 이때 이삼매의 상태는 삼선정(三禪定)에서 한자리를 인식하는 것과 같은 상태이다.

이삼매에 들어 근본자리를 인식하다 보면 아무렇지 않은

자리에서 기운이 일어나서 빽빽하게 채워진다. 이것이 이삼매의 초입으로 선천기가 발현되는 단계이다. 이때 근본에 대한 삼매력이 큰 사람은 이삼매 중입으로 들어가지만 삼매력이 적은 경우는 에너지로 인해 삼매가 깨어져서 삼선정으로 빠져 나온다. 삼선정으로 나온 경우에는 표면이 철벽을 이룬 상태를 인식한다.

※ 신앙을 통한 놓고 맡김은 대상에 대한 믿음은 키워 주지만 이면에 대한 인식력을 키워 주지는 못한다. 때문에 이면에 대한 인식력이 세워지지 않은 상태에서 놓고 맡기는 행위는 이면을 인식하는데 아무런 도움이 되지 못한다. 오히려 이면을 관념화시켜 버리는 문제가 생긴다. 화두선(話頭禪)의 경우에도 의심을 지켜가기 위해 의지를 쓰면서 심과 식이 동떨어지게끔 하는 우를 범하게 된다. 때문에 심식의 일여가 이루어지지 못하고 그런 상태에서는 이면을 인식하기가 참으로 어렵다.

2. 근본의 일

三化에서 근본의 일을 행하는 것은 철벽 이면에 텅 비워진 자리를 지극히 음미하며 기다리는 것이다.

이때 표면의 철벽은 바늘 꽂을 자리도 없이 튼튼하고 이면은 명료하게 비워진 상태다. 그래서 '소소영영(昭昭靈靈:뚜렷해서 밝고 맑다)' 하다고 말한다.

이런 상태를 '금강지를 얻었다' 라고 말한다. 이때는 외부의식과의 교류도 중단되고 혼의식의 표출도 중단된다. 철벽을 이루어야 세상 천지에 홀로 우뚝하여 비로소 대장부의 면모가 갖추어진다.

삼선정(三禪定)인 금강지의 상태에 들어가면 그윽하게 이면을 음미하며 기다린다. 이후에 철벽을 이루던 선천기가 갈비뼈를 타고 등 쪽으로 흐르면서 철벽이 허물어진다. 등 쪽으로 흘러온 선천기는 영대에서 중심 쪽으로 흐르면서 심화(心火)의 표출을 자극한다.

표면이 철벽을 이룬 상태에서 텅 빈 이면을 지켜가다 보면 선천기가 표출되면서 그 자리가 빡빡하게 채워진다. 이때 근본을 잃어버렸다고 생각하여 이면에 대한 그리움을 놓아 버리는 경우가 있다. 그럴 경우는 빡빡하게 채워진 선천기를 중심의 표면으로 이동시켜서 갈비뼈 순화의 과정으로 가야 한다.

3. 면모의 일

三化에 있어서 면모의 개발은 금강지(金剛智)[3] 이전에 이루어진다. 금강지의 상태에서는 면모의 개발을 도모하지 않는다. 이때에는 완전한 수의식의 발현과 상의식의 발현을 목적으로 한다.

금강지 이전에는 중극(中極)에서 생성된 선천기를 활용해서 면모를 개발한다. 처음 중극을 세워서 선천기가 표출된 이후부터 표면이 완전한 철벽으로 변화되기 이전의 과정 중에 면모의 개발을 이룬다.

1) 수의식의 발현

① 중극이 세워져서 선천기가 표출되면 그 선천기를 척추의 명문에 모아 척추를 씻어 준다. 이때 표출된 선천기는 간이나 담, 비장 쪽에서 깨어난 것이다.

중극에 의지를 두어서 후끈한 열기가 느껴지면 명문에 의

---

3) 금강지 : 중심은 철벽이 되고, 이면은 텅 비워진 것이 명료한 것.

지를 두어 기운을 모은다.

② 선천기가 명문에 어느 정도 모이면 그것을 꼬리뼈로 내려서 꼬리뼈를 한 번 씻어 준다. 이후에 선천기를 활용해서 장부의 혼의식을 일깨우려면, 명문과 장부를 충맥을 통해 연결해서 선천기를 내왕시킨다.

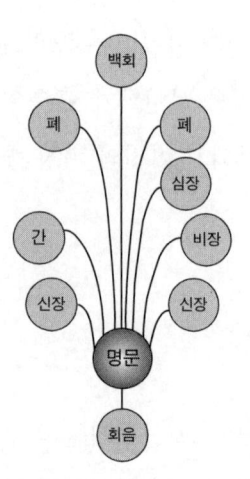

의념으로 명문과 장부를 연결시킨 후, 호흡에 따라 선천기가 장부와 명문 사이를 내왕하는 것을 느껴본다.

명문에서부터 각 장부로 고구마 줄기처럼 엮인 것이 충맥이다. 명문과 심장은 가장 쉽게 연결된다.

옆의 그림과 같이 명문과 각 장부를 연결시키면, 장부가 다시 한 번 순화되면서 혼의식이 전체적으로 발현된다.

③ 중심의 표면에 의지를 둔다.

선천기를 표면으로 이동시켜 표면의 일치를 이루기 위해

서다.

④ 명문의 기운이 어느 정도 표면으로 이동해 오면, 경계와 의식의 일치를 도모한다. 환자를 진료하기 위해서나, 인연을 본다거나, 특정한 목적을 이루기 위해서 의식을 일치시킨다.

이때는 후천기를 활용하는 이선정(二禪定)의 경지보다 훨씬 원활하게 의식의 일치가 이루어진다. 후천기는 거칠어서 장부의 혼의식을 일깨우지 못하지만 선천기는 장부의 혼의식을 자극하여 업식을 발현시키기 때문에 후천기보다 훨씬 폭넓게 의식의 일치를 이룰 수 있다.

⑤ 혼의식의 발현으로 업식이 표출된다.

업식이 표출되면서 표면으로 드러날 때, 그 업식과 연관된 외부의식이 접촉될 수도 있다. 이때 접촉되는 외부의식은 서로 다른 혼의식의 통로로 따로따로 인식될 수도 있고, 여러 가지 통로로 한꺼번에 인식될 수도 있다.

외부의식이 접촉되는 증상은 다음과 같다.

촉감을 통해 접촉되는 외부의식의 경우는 싸늘한 냉기, 압박감, 이질감, 춤, 불규칙한 동작, 자발공 등으로 표출된다.

청각을 통해 접촉되는 외부의식의 경우는 뚜렷한 음성이 들리거나, 고주파처럼 '찡- 찡-' 하는 소리이거나, 잘 알아듣지 못하는 소리로 접해진다.

후각을 통해 접촉되는 외부의식의 경우는 향기, 악취, 매운내, 노린내, 비린내 등이 난다.

언혼으로 표출될 때는 내가 의도하지 않은 말들이 쏟아져 나온다.

사념으로 접해질 때는 생각 속에서 여러 가지 분상들이 나타난다. 의도하지 않았던 생각들이 중심에서 영화 스크린처럼 인식되기도 한다.

이때 조심해야 할 것이 통증이 올 때나, 표면이 불안정해질 때 그것을 거부하지 말아야 한다는 것이다.

⑥ 외부의식이 접해질 때, 그 상황을 극복하기가 힘들면, 표면의 변화를 그대로 인식한 상태에서 중극을 같이 주시한다. 이때 중극에 의지가 너무 집중되면 표면이 닫혀 버리고, 반대로 중극에 대한 인식력이 떨어지면 표면의 상태가 다스려지지 않아서 외부의식의 접촉으로 인해 야기된 상황이 다스려지지 않을 수도 있다. 그러므로 표면과 중극을 주시할

때는 그 완급을 조절해서 표면이 닫히지 않은 상태에서 이면을 지켜가야 한다.

만약, 표면이 닫혀져 버리면 자기 습성을 제도할 수 있는 기회를 놓쳐 버린다. 그리고 면모의 개발을 폭넓게 이루지 못한다. 이때 필요한 것이 '자비관(慈悲觀)'이다. 이는 접해진 외부의식을 하나의 생명이라고 생각해서 불쌍하고 어여쁘게 바라볼 수 있는 마음가짐을 갖추는 것이다.

적당하게 중극에 의지를 두고 최대한 표면이 활성화되도록 하는 시간을 길게 가져보는 것이, 면모를 개발하고, 자기를 제도하고, 표면을 활성화시키는 데에 있어서 꼭 필요한 일이다. 중극에 의지를 두는 정도에 따라 표면이 활성화되는 것은 각성의 일이기 때문에 스스로 체득해야만 한다.

다음은 이 단계에서 할 수 있는 다양한 행(行)들이다.
- 명문의 선천기를 모아 놓고 충맥을 통해 각 장부와 연결해 보기
- 중심에 선천기를 모아 놓고 그것과 각 장부의 중추점과 연결시켜 보기
- 몸의 모든 통로(오심, 꼬리뼈 등)를 통해 외부의식과 교

류해 보려는 시도
 ─ 외부의식과 접할 징조가 보이면 중심에 비추어 그것을 관해서 어떤 인연인지 살펴보고 이면에 비추어서 제도한다.
 ─ 좀더 많은 외부의식을 제도하면 많은 군사를 부릴 수 있다.
 ● 자기가 관심있는 분야에 대한 이론적 정립도 가능하다.
 ─ 의학, 풍수 등을 배우고 싶을 경우 그러한 지식을 가진 인연을 불러 활용한다.

선천기를 표면으로 보냈을 때 접해지는 인연은 선천기를 활용할 줄 아는 외부의식이거나 직계 가족, 유전적 형질이 비슷한 경우로 나쁜 인연이 아니다.

자기한테 큰 이로움을 준다든지, 해로움을 준다든지, 고통을 준다든지, 편안함을 주는 경우에 사람의 습성이 가장 잘 드러나게 된다. 좋고 나쁜 것에 흔들리지 않고, 내게 이로움을 준다고 해서 혹하거나, 내게 통증을 준다고 해서 거부하지 않는 자세를 기르는 것도 이때 가능하다. 이 과정에서 중극과 표면에 균등하게 의지를 둠으로써 미세적 유위각이 키워진다.

이 시기에 조심해야 할 것이 세 가지 있다.

첫째, 통증이 생기거나 고통이 생겨도 그것을 두려워하지 않는 것이다. 둘째, 외부의식과 나의 관계를 놓고 이익과 손해를 따지지 말고 무조건 베푸는 자세를 가져야 한다. 셋째, 조급하게 진도를 나가려 하지 말고 이 과정에 충실해야 한다.

2) 상의식의 발현

상의식의 발현에 대해서는 나중 四化편에서 상세히 이루어진다.

▶ 접해진 외부의식을 대처하는 방법

① 사사신(師事神) : 외부의식과의 교류를 통해 배움을 얻는다. 이것은 외부의식과 교류하는 통로를 확보하는 과정이다. 하지만 사사신의 과정이 정도 이상 지속되면 병이 되기 때문에 기간을 짧게 한다.

② 제신(制神) : 자신을 다스림으로써 외부의식을 다스린다. 이는 중심을 세우고 진보시켜 자신을 다스리고, 외부의식에게 가르침을 전하는 과정이다. 그렇게 해서 독자적으로 활동할 수 있는 에너지를 얻도록 해주고 영적인 진보를 도모하도록 한다. 이것이 바로 천도다.

③ 용신(用神) : 외부의식을 활용해서 자기 활동의 폭을 넓히고 자신의 역량을 키운다. 이는 외부의식과 내가 완전한 조화를 이룬 상태다.

4. 각성의 증득

三化에 있어서 각성의 증득은 앞서 면모의 일과 마찬가지로 금강지 이전과 이후로 나누어 볼 수 있다.

1) 금강지 이전의 각성의 일

금강지 이전에는, 여섯 가지 혼의식을 전체적으로 발현시키고 외부의식과 원활한 교류를 이룰 수 있는 돈독한 미세적 유위각을 얻고자 노력한다. 그렇게 하려면 중극(中極)을 세워서 선천기를 임의대로 표출시킬 수 있어야 한다.

선천기가 표출되었을 때 접해지는 외부의식은 보다 안정되고 진보된 의식이므로 충분히 교류할 만한 가치가 있는 대상이다. 따라서 거부하기보다는 교류의 대상으로 삼아서 스스로의 역량을 키울 수 있는 기회로 삼아야 한다.

금강지는 선천기가 중심의 표면을 철벽으로 만들어 놓은 상태를 말한다. 처음 중극이 세워진 후 철벽이 되기까지는 짧게는 보름에서 길게는 몇 년까지의 시간이 걸린다. 이 기간 동안 최대한 미세적 유위각을 돈독하게 발현시켜서, 자기 안에 내재된 미세망념을 표출하여 제도하고, 외부의식과 폭넓게 교류할 수 있는 기회로 삼아야 한다. 중극을 세우지 않고 척추 순화를 통해서 선천기를 일깨우게 되면 금강지를 이루기까지의 시간은 단축시킬 수 있지만 돈독한 미세적 유위각을 증득하는 것은 부족할 수 있다.

 2) 금강지 이후의 각성의 일

 금강지 이후의 각성의 일은 일시적 무위각(一時的無爲覺)을 증득하는 것을 목적으로 한다.
 일시적 무위각은 본성을 인식할 수 있는 각성으로 '시각(時覺)'이라고도 한다. 시각의 증득은 곧 견성이다. 이때는 중심이 주체가 되어서 본성을 비춘다. 이에 비해 본연적 무위각(本然的無爲覺)은 근본을 통해서 경계를 비추는 각성이다.

 금강지 이후의 각성의 일은 다음의 두 가지 진로로 나뉜다.
 ① 중심의 표면이 철벽을 이루었을 때, 이면의 빈 자리를 보는데 모든 의지를 집중해서 일시적 무위각을 얻는다.
 ─ 〈삼매법(三昧法)〉

② 갈비뼈 순화가 이루어지고 중극의 빈 자리에서 심화가 표출될 때 일시적 무위각을 얻는다.
― 〈자기제도법〉

척추 앞쪽으로, 신경이 집약된 세 개의 센터가 있다. 옥침 쪽의 송과선신경총(松果腺神經叢), 중극 쪽의 태양신경총(太陽神經叢 : 척추신경), 명문 쪽의 성선신경총(性腺神經叢)[4]이 그것이다.

태양신경총을 통해 신경을 자극해서 장부의 선천기를 중극을 통해 표출시켜서 활용하고, 성선신경총을 통해 경락을 자극해서 장부의 선천기를 명문으로 집약하여 활용한다.
중극을 세워 태양신경총을 자극해서 선천기를 표출시키고 다시 그 선천기를 명문으로 내리는 것은 신경과 경락을 통해 선천기의 표출을 극대화시키기 위해서이다. 그렇게 되면 머리뼈 순화 이전에 태양신경총과 성선신경총의 순화를 먼저 이루게 된다.
이때는 에너지 상태의 변화에 관계없이 아무렇지 않은 마

---

4) 성선신경총(性腺神經叢) : 명문 쪽의 하복부신경총과 회음 쪽의 골반신경총을 합쳐 이르는 말.

음을 돈독하게 지켜가는 것이 중요하다. 에너지가 순화되어 텅 비워지면 공(空)이요, 에너지가 채워져서 빽빽하면 색(色)이라고 여기게 되면 공상(空相)[5]에 빠진다. 때문에 에너지의 변화를 놓고 근본을 인식하고자 해서는 안 된다. 오로지 채워지고 비워지는 것에 관여되지 않는 한자리를 세워서 근본으로 삼아야 한다.

일시적 무위각을 얻었을 때, 처음으로 본성에 대한 인식력이 완전하게 생겨난다. 이때부터 필요한 것이 보임(保任)[6]이다. 『금강경(金剛經)』에서 제시하는 보임의 행은 크게 네 가지이다.

보임의 첫째 행은, '응무소주 이생기심(應無所住而生其心)'으로 '모든 유상을 무상을 보는 척도로 쓰라' 는 뜻이다. 이 말은 유상에서 무상으로 인식의 전환을 강조한 말이다.

보임의 둘째 행은, '범소유상 개시허망 약견제상비상(凡所有相皆是虛妄 若見諸相非相)' 이다. '모든 존재는 허망하다. 상 아님은 내 마음자리 안에 있는 것이다. 그러니 내 마음자리를 통해서 일체의 상(相) 속에서 상 아님을 봐야 한

---

5) 공상 : 공을 관념으로 짓는 것.
6) 보임(保任) : 시각(時覺)을 얻은 후에 자기를 지켜가는 법.

다'는 뜻이다. 이 말은 공관(空觀)의 투철함을 강조한 것이다.

셋째 행은, 사과(四果)의 증득이다. 사과는 '수다원(須陀洹), 사다함(斯陀含), 아나함(阿那含), 아라한(阿羅漢)'을 말하며 자기제도를 강조한 것이다.

넷째 행은, 32상법과 80종호법[7]을 얻는 것이다. 32상법은 아라한과를 증득한 이후에 13개의 주춧돌을 운용하여 32가지 진로를 얻는 법이며, 하나의 진로를 이루었을 때 하나의 상이 이루어진다.

사과(四果)와 32상법은 자기제도의 법이다. 80종호법은 바라밀(波羅密)[8]의 법이다. 이는 뭇 생명의 호응을 얻기 위해 행한다.

중심과 각성과 근본이 갖춰져 있어야 자기제도가 이루어진다. 그리고 면모의 개발이 이루어진 역량만큼 교류성이 갖추어진다. 교류할 수 있는 범위만큼 존재목적의 실현이 이루어지며, 일곱 가지 진로의 수행이 원활하게 이루어져야 비로

---

7) 80종호법 : 바라밀법. 또 다른 생명에게 호응을 얻음으로써 갖추어지는 자기 면모를 80종호라 한다.
8) 바라밀(波羅密) : 차안(此岸)에서 열반의 피안(彼岸)으로 간다는 뜻으로 보살의 수행을 이르는 말. 육바라밀(六波羅密)이 있다.

소 인식의 틀이 한 단계 진보할 수 있다.

여덟 가지 진로의 수행은 서로 맞물려 있어서 어느 하나를 떼어 놓고 생각할 수 없다. 그래서 수레바퀴에 비유된다. 바퀴의 살이 하나만 빠져도 바퀴 전체가 찌그러지듯이, 여덟 가지 진로의 수행은 어느 한 가지라도 소홀히 해서는 안 된다.

시각을 얻기 전에 근본을 보는 것은 해오(解悟)[9]를 통한 것이고, 시각을 얻어야 증오(證悟)[10]한 것이다. 인식의 대상이 유상일 때는 유위각을 얻을 수 있고, 인식의 대상이 무상일 때는 무위각을 얻을 수 있다.

하면, 어떻게 인식의 대상이 무상이 되도록 할 수 있겠는가? 이것이 바로 증오(證悟)를 이루는 것에 있어서 가장 큰 관건이다.

무위각(無爲覺)은 무상을 인식하는 의지이고 본성(本性)은 인식의 대상이 무상한 것이다. 본성은 경계에 있는 것이 아니라 경계를 대하는 내 마음 안에 있다.

---

9) 해오(解悟) : 근본에 대한 이해를 얻은 것.
10) 증오(證悟) : 근본에 대한 각성을 증득한 것.

하면 내 마음 안에 어떤 것이 본성의 모습인가?

만약 일체의 상(相)을 대하더라도 스스로 마음 안에 상 아닌 자리를 보면 그 마음이 바로 본성이다.

> 시각일 때는 각성이 주체가 되어서 본성을 본다.
> 본각일 때는 본성이 인식의 주체가 되어서 경계를 본다.
> 각성과 본성이 계합되어서 하나가 된 경지가 여래(如來)[11]이다.

본성으로 인식의 전환이 이루어지기 이전의 각성을 시각(時覺)이라 하고, 유상에서 무상으로의 인식의 전환이 이루어진 후의 각성을 본각(本覺)이라 한다. 어떻게 인식의 대상을 무상이 되게 하며 각성이 무위각이 되도록 할 것인가?

처음부터 무위각이 얻어지지는 않는다. 무상에 대한 반복적인 인지를 통해 무위각이 키워진다.

이때의 무상은 공간적 형태의 비워짐(에너지가 채워져 있다가 비워진 상태)을 의미하는 것이 아니다. 다만 그것에 대

---

11) 여래(如來) : 교화를 위해 진여에서 이 세상으로 왔다는 뜻으로 부처를 높이 이르는 말.

해 아무렇지 않은 마음을 의미한다.

일선정(一禪定)에서는 고요한 중심에 대한 아무렇지 않음이 있다.

이선정(二禪定)에서는 표면의 움직임에 관여되지 않음으로서의 아무렇지 않음이 있다. 삼선정(三禪定)에서는 뚜렷이 철벽이 형성된 표면과 명료하게 비워진 이면의 아무렇지 않음이 있다. 이런 과정을 통해 빈 것을 주시하는 각성이 진보한다. 즉 유위각에서 무위각으로 진보한다.

삼선정(三禪定)까지 오면서 가장 경계해야 할 점이 있다. 그것은 몸 안이 공간적으로 비워진 것을 무상(無相)이라고 생각하는 것이다. 이때까지는 몸이 비워진 것을 통해 무상에 대한 감각을 키워왔기 때문에 에너지가 빈 것을 공(空)이라고 여기는 그릇된 관념(〔空相〕에 집착)에 빠질 수가 있다. 이렇게 되면 사선정(四禪定)으로 발전해 가지 못한다.

다시 말해서, 이면의 무상을 인식력이 아닌 공간적인 형태의 빈 것으로 삼아서는 안 된다는 것이다. 그렇게 되면 본성을 저버리는 오류에 빠진다. 여기에서 벗어나려면 빈 것에 대해서도 아무렇지 않고, 채워진 것에도 아무렇지 않은 감각을 키워야 한다.

표면의 비워짐과 이면의 빈 것에도 관여되지 않는 한자리를 인식하고 표면의 빈 것과 이면의 빈 것이 하나로 계합되었을 때 이것을 일러 견성(見性)이라고 한다. 이때 표면의 빈 것은 철벽이 허물어진 자리에서 생겨나는 공간적인 형태의 비워짐이고, 이면의 빈 것은 채워지고 비워진 것에 대해 관여되지 않는 한자리, 즉 아무렇지 않은 마음이다.

공부가 여기에 도달하려면, 두 가지 과정에 충실해야 한다. 첫째, 삼선정의 과정에서 철벽을 통해 이면의 빈 것을 주시하는 것에 충실해야 한다. 둘째, 이면에서 선천기가 생성되어서 이면이 채워지고 비워지는 것을 반복할 때 그것에 대해 관여되지 않는 한자리를 볼 수 있어야 한다.

이 관점에 충실하려면 빨리 진도를 나가려는 조급함에 빠지지 말아야 한다. 옛 선사들의 표현으로 '먼저 뜬 달과 나중 뜬 달이 하나로 합해졌다'는 말이 있다. 이때 먼저 뜬 달은 본성이면서 이면의 빈 것이고 나중 뜬 달은 각성이면서 표면의 빈 것을 말한다. 표면의 빈 것은 심화(心火)가 일어나면 다시 채워진다.

한자리에 대한 인식력이 있는 사람은 심화가 일어나 아랫배로 내려왔을 때에 장부 순화가 진행되면서 고통이 생겨나도 무상에 대한 각성을 지켜갈 수 있다. 하지만, 한자리에 대한 인식력이 없는 사람은 심화를 본성이라고 생각해서 장부순화가 이루어지면서 고통이 생기면 그것으로 인해 각성을 잃어버린다.

철벽이 형성된 후에는 철벽을 허물어뜨리는 그것에만 매달려 매진해야 한다. 그렇지 않으면 이 과정을 넘어설 수 없다. 그야말로 본분사(本分事)이다.

5. 자기제도의 일

三化에 있어서 자기제도는, 선천기(先天氣)로 인해 중심의 표면이 철벽을 이루었을 때 갈비뼈 순화를 행하는 것이다.

1) 선천기의 발현

선천기를 발현시키는 데는 세 가지 법이 있다.
첫째는 중극(中極)을 세워서 선천기를 임의롭게 표출시키는 법이다.
둘째는 척추 순화를 통해 명문의 선천기를 표출시키는 법이다.
셋째는 이삼매(二三昧)를 통한 선천기의 발현이다.

중극을 세우는 법과 척추 순화의 법은 앞서 설명했다. 여기서는 이삼매를 통해 선천기를 발현시키는 법에 대해서 말해 보겠다.

일삼매(一三昧)는 중심분리 이후에 이면의 아무렇지 않은 자리에 의지를 집중한 것이다. 선천기가 표출되기 이전까지 이면의 공에 의지를 집중한 것이 일삼매이다.

이삼매(二三昧)의 시작은 선천기가 표출된 이후의 이면의 공에 의지를 두는 것이고, 완전한 이삼매는 선천기가 철벽을 이룬 이후에 이면의 빈 자리에 모든 의지를 집중한 것이다. 삼삼매는 사선정과 하나가 된 견성(見性)의 경지이다.

중심분리 이후 일삼매에서 선정법을 거치지 않고 이삼매로 갈 때, 이면에 대한 인식력이 커지면 중극이 세워지지 않은 상태에서도 선천기가 표출된다.

이때 공간적인 개념으로 빈 것을 세워서 삼매로 인식한 사람의 경우에는 선천기가 표출되면서 오는 채워짐으로 인해 삼매가 깨졌다고 생각하고 공부를 중단하게 된다. 이런 상황에서 공부가 중단되지 않으려면 다음의 두 가지 방법을 알아야 한다.

첫째는 선정법(禪定法)으로 진행하는 법이다. 이는 표출된 선천기를 중심의 표면으로 돌려서 철벽을 이루도록 하고 삼선정에 머무는 것이다.

둘째는 삼매법(三昧法)으로 진행하는 법이다. 이는 선천기가 표출되는 것 자체도 그저 표면의 작용으로 삼고 그 이면에 모든 의지를 집중하는 것이다.

선정법으로 진행하는 경우에는 금강지를 얻는 법과 동일하게 그 이후의 과정을 행하며 삼매법으로 진행하는 경우에는 표면은 철벽이고 이면은 공한 삼선정을 거치지 않고 그대로 삼삼매로 들어간다. 이때는 이면에 아무렇지 않은 감각만 물고 늘어지는 것으로 공부를 삼는다.

이것이 바로 공관법(空觀法)이다. 견성 이전의 닦음은 중심에 입각한 닦음으로 점수(漸修)이고, 견성 이후의 닦음은 근본에 입각한 닦음으로 돈수(頓修)라 한다.

2) 갈비뼈 순화

갈비뼈 순화과정은 척추 순화를 통한 과정과 중극 형성을 통한 과정으로 나뉜다(척추 순화를 이루고 나서 갈비뼈 순화를 이루는 법에 대해서는 『관, 쉴 줄 아는 지혜』를 참조할 것).

척추 순화를 통한 과정이든 중극 형성을 통한 과정이든 선천기를 표출시키는 법이 다를 뿐 철벽 이후에 갈비뼈 순화를 하는 방법은 동일하다.

뒷부분의 설명은 갈비뼈 순화가 한 번 이루어지고 난 뒤에 두 번째 갈비뼈 순화를 행할 때, 두 가지 방법에 있어 차이점을 말한 것이다.

(1) 척추 순화를 통한 갈비뼈 순화

선천기가 영대에서 중심자리로 이동해 갈 때, 중극자리(중극이 세워지지 않아서 철벽의 이면으로 인식됨)를 지나가면서 순화된다.

그러면 갈비뼈에 '쩌르륵-' 하는 자극이 없어진다. 그렇게 되면 다시 중심의 표면에 선천기가 쌓여서 갈비뼈에 '쩌르륵-' 하는 자극이 올 때까지 기다려야 한다.

명문으로 표출된 선천기가 중심의 표면으로 이동해 오려면 시간이 필요한다. 때문에 이 과정에서는 기다릴지언정 서둘러서는 안 된다.

(2) 중극 형성을 통한 갈비뼈 순화

갈비뼈 순화를 한 번 행한 후에, 다시 중극에 의지를 두어서 선천기를 발현시켜 표면으로 이끌어오거나, 발현된 선천기를 명문으로 내렸다가 충맥을 통해 중심의 표면으로 이끌어와서 철벽을 이룬 후 다시 갈비뼈 순화를 진행한다.

갈비뼈 순화를 하면서 반드시 갖춰야 할 것이 있다.

첫째, 채워지고 비워지는 것에 관여되지 않는 이면을 인식하는 것이다.

둘째, 업식이 순화되는 과정을 인식하는 것이다.

● 몸으로 오는 변화 : 가래, 기침 등이 나오고, 갈비뼈가 텅 비워져서 가슴의 경계선이 없어져 버린 것같이 느껴지며 척추뼈도 사라져 버린 것으로 인식된다.

● 감정적인 변화 : 격정, 조급함 등이 생겨난다.

● 의식적인 변화 : 빈 것에 대한 관념에 빠질 수 있다.

※ 갈비뼈 순화의 마무리는 선천기가 완전히 순화되어서 심화가 생성되는 것이다. 갈비뼈 순화가 진행되면서 가슴이 텅 비워지면 순화가 다 된 것이라고 생각하든지, 그것이 사선정(四禪定)의 경지라고 착각하기도 한다. 가슴이 텅 비워진 것은 표면이 비워진 것일 뿐이다. 그 상태에서 한자리를 확보하고, 그것과 표면의 빈 것을 계합시켜야 비로소 사선정에 든 것이다.

의지로 기운을 움직여서 갈비뼈 순화를 하는데는 호흡이

결부된다. 갈비뼈에서 증상이 나타나면, 들숨에 양쪽 갈비뼈로 기운을 나누어서 영대 쪽으로 보낸다.

만약 이 증상이 자연적으로 나타나지 않았는데도 기운을 운용하면 갈비뼈 순화가 온전하게 이루어지지 못한다.

날숨에 영대에서 중심으로, 이때 중극이 세워진 경우라면 기운이 중극을 훑고 지나가는 것을 인식하고 그렇지 않은 경우라면 이면에 대한 인식력을 더해 준다. 즉, 날숨에 이면을 인식하면서 기운을 중심의 표면으로 이끌어온다.

만약 의지만으로 기운이 이끌려오지 않으면 기운이 영대에 머물게 되어, 영대가 함몰된 듯하고 뼈근하게 아프다. 이때는 옴 소리를 통해 기운을 이끌어온다. 옴 소리의 진동에 관여되지 않는 바탕을 인식(공간적인 개념이 아님)하면서 기운을 영대에서 중심 쪽으로 끌어온다.

중심에 기운이 모여서 철벽이 형성되면 다시 이 과정을 반복한다. 심화가 생성되면 그때 갈비뼈 순화가 끝난 것이다.

※ 옴 수련의 진보

일선정(一禪定)에서의 옴 수련에서는 옴 소리의 진동이 중심에서 온몸으로 퍼져나가는 것을 인식한다. 그리고 중심을 세워 주기 위해서, 퍼져나가는 진동에 아무렇지 않은 자리를 인식한다. 이선정(二禪定) 이후에는 옴 소리가 울리는 바탕에 아무렇지 않음을 인식하는데 모든 의지를 둔다.

6. 교류성의 확보

三化에 있어서 교류성의 확보는 교류적 관점에 입각한 교류를 행하는 것이다.

교류적 관점에 입각한 교류는 선연(善緣)이나 악연(惡緣)으로 고정된 인과의 틀을 벗어나서 조화를 성취하기 위해 행하는 것이다.

1) 교류적 관점에 입각한 교류를 하기 위해 갖춰야 할 조건

교류적 관점에 입각한 교류를 하기 위해서 갖추어야 할 조건이 있다.

첫째, 색의식(色意識)과 수의식(受意識)의 발현을 원활하게 이루어야 한다. 색의식의 발현이 원활하다는 것은 인식의 주체(나)가 뚜렷해서 인식의 대상(경계)을 저버리지 않는 것을 말한다.

다른 말로 하면, 인식의 주체와 인식의 대상이 서로에게 장애가 되지 않는다는 뜻이다. 또, 조건을 함으로써 집착하거나 거부하지 않으며, 표면적으로 드러난 관계에 충실한 것이다.

수의식의 발현이 원활하다는 것은 여섯 가지 혼의식을 전체적으로 발현시키고 외부의식과 원활하게 교류할 수 있는 역량이 갖추어진 것을 말한다. 수의식의 발현이 원활해야 상대와 의식의 일치를 이룰 수 있고, 상대와 자기간에 인과를 볼 수 있다.

둘째, 상의식(想意識)을 발현시켜서 사유할 줄 알아야 한다. 이때 사유의 목적은 이치를 타파하고 나의 존재목적을 설정하고 상대의 존재목적을 알고 조화를 행하는데 있다.

상의식의 발현이 원활하지 않으면 교류적 관점을 확보하지 못한다.

다시 말해서, 이치를 타파할 수 있어야 하고, 나의 존재목적이 확고해야 하며, 상대의 존재목적을 알고 있어야 교류적 관점을 확보할 수 있다.

교류적 관점을 확보할 수 있는 사유가 원만하게 진행되려면 선천기를 발현시켜서 임의롭게 쓸 수 있어야 한다. 이치를 타파하고 상대의 존재목적을 알고 자기 존재목적을 설정할 수 있도록 사유가 지속적으로 이루어지려면 거기에 맞는 에너지가 필요하기 때문이다.

에너지 체계와 사유의 연관성에 대해서는 나중 四化편에서 상세히 다루어진다.

자기 존재목적을 알기 위한 사유를 하기 위해서는 갖추어야 할 것들이 있다.

먼저 대의적 명분을 가져야 한다. 불교에서는 '대승의 종지'를 말한다. 이는 안팎의 중생이 다 제도될 때까지 노력하겠다는 스스로의 다짐이다.

다음으로 시대나 사회, 국가를 이루는 구성원들에게 이로움을 주기 위해 스스로가 할 수 있는 역할을 찾아야 한다.

세상이 아름다워지는데 나는 어떤 역할을 할 것인가?

천지만물을 이롭게 하는데 나는 어떤 역할을 할 것인가?

우리 나라가 발전하는데 어떤 역할을 할 것인가?

조직이 발전하는데 어떤 역할을 할 것인가?

여기서 시대, 국가, 조직이 자기 실현의 장이 된다. 자기 실현의 장을 넓혀가는 것은 삶의 진보이며, 자기 실현의 장이 정체되는 것은 곧, 삶의 정체이다. 세상 속에서의 자기 역할을 찾는 것은 스스로의 삶이 정체되지 않도록 하기 위해서다.

그리고 면모의 개발을 통해 남을 이롭게 할 수 있는 자기 역량을 갖추어야 한다. 즉 자기 활용의 척도를 갖추어야 한다. 자기 활용의 척도를 갖추었다면 이제 대의적 명분에 입각해서 자기 실현의 대상과 자기 역할을 설정한다.

어떤 환경에서 자라고 어떤 지식을 갖고 있는가에 따라 인식의 틀은 달라진다. 스스로가 가진 인식의 틀과 자신의 역량에 의해 자기 실현의 장(場)이 결정된다. 스스로 설정한 자기 실현의 장이 본인의 역량에 비해 크다면 자기 개발을 통해 역량을 키우기 위해 노력해야 한다.

2) 존재목적에 입각한 교류가 필요한 이유

사람과 사람이 서로 교류할 때, 상대가 가진 존재목적이 무엇인지를 알면 어긋나지 않게 교류를 할 수 있다. 선을 넘지 않고 그것만을 위한 교류를 할 수 있고 서로에게 충분히 만족할 수 있다.
하지만 존재목적을 모르고 교류하려고 하면 넘치거나 부족하게 된다. 이때는 서로에게 식상하거나 상처를 받게 된다.

목표가 없는 삶을 살면 사랑, 돈, 권력, 명예 등에 대한 집착을 통해 자기를 실현하고자 한다. 자기 가치실현을 못하고 살면 나를 믿지 못하고 상대도 믿지 못한다.
과거는 돌아보기도 싫고, 현재는 불만족스럽고, 미래는 막

연할 따름이다. 그러나 존재목적을 설정하여 그것에 입각해서 나아가야 할 바가 있는 사람은 현재가 만족스럽고, 미래가 분명하며, 긍정적인 사고를 하게 된다. 마음 그릇의 크기에 따라 운이 담기며, 중심을 세워서 갖추는 것만으로도 부정적인 인과가 도래하는 폭이 줄어든다.

존재목적이 세워지지 않은 사람에게는 존재목적을 세워주기 위한 배려나 의견제시, 그것을 위한 교류가 필요하다. 상대가 존재목적을 확고하게 갖추었다면 나의 역량 안에서 상대에게 해주어야 하는 것은 무엇이며, 어떤 방식으로 교류해야 할 것인지를 알아서 거기에 맞는 교류를 할 수 있어야 한다.

상대의 두드러진 점을 알 수 있게 되면 상대의 부족한 점은 더 잘 알 수 있고 그것으로 인해 야기되는 파장도 알 수 있다. 때문에 항상 상대의 장점을 먼저 보려고 해야 한다. 그렇게 하면서 상대의 부족한 것을 메꾸어 주고 원만한 것을 드러내어 가치 있게 쓰여지도록 해주어야 한다.

이런 행을 하지 못하면 상대와 피상적 교류는 이룰 수 있지만 깊은 교류는 행할 수 없다.

또 상대와 존재목적이 같지만 상대의 역량이 부족하다면

동조를 통해서 함께 할 수 있으나 상대가 온전히 실현되는 것이 아니기 때문에 상대의 역량을 키워서 함께 가려는 자세가 필요하다. 상대의 역량을 키우려면 먼저 자신의 역량이 갖춰져 있어야 한다.

만남은 '영혼의 뜨락에 한 그루의 나무를 심는 일'이다. 물도 주고 거름도 주어서 키우게 되면 나무는 무럭무럭 자라서 뜨락의 한켠을 차지하듯이 그렇게 가꾼 인연은 시간이 갈수록 더 큰 의미가 된다. 상대의 역량을 키워서 존재목적의 실현을 함께 이루고자 하는 것은 이와 같은 이유 때문이다.

자기 존재목적이 설정되기 이전에는 처해진 상황에 따라 일시적인 존재목적에 입각해서 교류가 이루어진다. 하지만 자기 존재목적이 설정된 이후에는 그것과 연관된 교류가 이루어진다. 이때는 인연이 다가오는 것도 자신의 존재목적과 관련된 인연이 다가온다.

특히 전생과 동일한 존재목적을 가진 경우에는 전생에 그 존재목적을 가지고 살면서 맺었던 선연과 악연이 함께 다가온다. 존재목적을 갖고 살 때와 갖지 않고 살 때는 그 인연의 흐름이 다르다. 존재목적이 없는 사람은 어디에 관심을 두고 사느냐에 따라 삶의 방향이 달라진다.

뚜렷한 존재목적을 세웠을 때 인연의 흐름이 달라지는 것은 업보에 따른 영향과 생명으로부터의 호응 때문이다. 존재목적의 설정은 대의적 명분에 입각해서 또 다른 생명을 이롭게 하고자 하는, 자기 역할을 갖추는 것이다. 이 과정에서 많은 생명으로부터 호응을 받게 된다.

자기 존재목적을 설정한 이후에 인연의 테두리가 확고해지기까지는 몇 가지 과정을 거쳐야 한다.

나를 실현할 수 있는 역량이 있는가?

나의 면모가 얼마나 개발되고 자기 활용의 척도가 얼마나 돈독히 갖춰졌는가?

이런 조건을 갖추기 위한 노력과 과정이 있어야 한다.

존재목적에 맞게 나의 역량이 갖춰지고 상대의 믿음을 얻을 수 있으면 함께 할 수 있지만 그렇지 못하면 상대의 호응을 얻지 못한다.

좀더 진보된 관점을 제시해서 상대를 이끌 수 있어야 상대로부터 호응을 얻을 수 있고 그로 인해 일과 인연의 테두리가 결정된다. 호응받지 못하면 자신이 주체가 되어 교류적 관점에 입각한 교류를 행할 수 없다.

나의 면모를 개발하여 자기 활용의 척도를 뚜렷이 갖추고 진보된 가치 창출을 통해 다른 생명으로부터 호응을 얻어야 비로소 교류적 관점에 입각한 교류를 행할 수 있다.

 진보된 가치를 창출하기 위해서는 어떻게 해야 하는가?
 진보된 가치의 창출이란, 호응받을 수 있는 가치의 창출을 말한다. 인식을 전환할 수 있는 새로운 관점을 확보해야 진보된 가치를 창출할 수 있다.
 진보된 관점을 확보하기 위해서는 전문화된 지식을 갖추어야 한다.
 다시 말해서 색적인 교류를 통해 다양한 지식을 습득하고, 수적인 교류를 통해 일치를 이루고, 상적인 교류를 통해 사유를 행할 줄 알아야 한다. 사유를 통해 이치를 타파하고, 이러한 과정을 통해 새로운 관점을 확보하고 진보된 가치를 창출해야 한다. 그리하면 호응을 얻고 변화를 주도해서 유행을 창출하고 시대를 이끌어갈 수 있다.

 자기 존재목적이 뚜렷한 상태에서 다가오는 인연을 통해 자기 삶의 테두리를 형성하고 그 인연들에게 진보된 관점을 제시해 줄 수 있으면 호응을 얻어서 공동의 존재목적을 실현할 수가 있다.
 진보된 관점을 제시할 수 있는 역량을 갖추려면 중심을 진보시키고, 근본에 대한 인식력을 향상시키며, 교류의 폭을 넓혀야 한다.

3) 인과의 운용과 교류적 관점의 확보

인과를 볼 줄 모른다면 표면적 관계에 입각해서 인연을 쓸 뿐 인과적 관점과 교류적 관점에 입각해서 인연을 쓰지 못한다.

존재목적은 뚜렷하나 인과를 보지 못하면 인연의 운용에 어둡다. 교류할 수 있는 역량에 따라 존재목적의 실현범위도 달라진다. 표면적 관점에 입각해서만 교류하면 존재목적이 뚜렷해도 호응을 받을 수 있는 여지가 적다.

인과적 관점에 입각해서 교류를 하려면 좋은 인연이라도 너무 가까이 하지 않고, 나쁜 인연이라도 너무 멀리 하지 말아야 한다. 왜냐하면 너무 좋아도 집착이 생길 수 있고 너무 나빠도 거부감이 생기기 때문이다.

한발 더 나아가서 구체적인 인과를 알 수 있다면 제도할 수 있는 인과와 그렇지 못한 인과를 명백히 알고서 교류를 도모할 수 있다. 상대를 중심에 비추어서 드러나는 움직임을 놓고 다시 이면의 근본으로 비추었을 때 다스려지면 능히 교류할 수 있는 인연이고 그렇지 않으면 교류할 수 없는 인연이다. 이럴 경우에는 직접적인 교류를 피하고 교류적 관점에 입각해서 간접적인 교류를 행하는 것이 좋다.

이럴 때는 상대와 좋은 인과를 갖고 있는 사람을 내세워서 그를 교류의 주체로 삼아 자기 존재목적을 실현해 간다. 이렇게 살 수 있으면 좀더 진보된 삶을 사는 것이다.

4) 사상의 확립과 교류적 관점의 교류

평범한 사람은 스스로가 어떤 사상을 갖고 있는지 명확하게 알지 못한다. 하지만 누구라도 자기가 갖고 있는 사상에 입각해서 존재목적을 설정한다.

사상(思想)은 생명론(生命論)[12], 존재론(存在論)[13], 가치론(價値論)[14]으로 이루어져 있고 생명론은 존재론과 가치론을 세우는 근거가 된다.

---

12) 생명론(生命論) : 생명의 근본과 면모, 존재목적을 전제로 세워진 논리. 생명의 근본이란 생명이 비롯된 자리를 말하고, 면모란 생명을 이루고 있는 의식체계를 말하며, 존재목적이란 생명이 존재하는 이유를 말한다.
13) 존재론(存在論) : 존재간의 교류의 방식을 다룬 논리. 존재론에 입각한 교류를 행하는 것은 상대가 어떤 방식으로 존재간의 교류를 행하는지를 알기 위해서이다.
14) 가치론(價値論) : 삶의 가치를 무엇에 두는 것이 합당한가를 다룬 논리. 때문에 가치론에 입각한 교류를 행하는 것은 상대가 가진 삶에 대한 가치 척도를 알기 위해서이다.

상대의 존재목적을 알려면 색적인 관점에 입각한 교류, 수적인 관점에 입각한 교류 그리고 사상적 관점에 입각한 교류(사유적 관점에 입각한 교류)를 행할 줄 알아야 한다.

사상적 관점에 입각한 교류를 행하려면 상대를 사상적 관점에서 분석할 수 있어야 한다. 그러기 위해서는 내 스스로가 투철한 사상을 확립하고 있어야 한다. 사상적 관점에서의 교류는 색적인 관점이나 수적인 관점에 비해 상대를 흡수해 들이는 폭이 훨씬 넓다. 그래서 깊은 교류가 이루어진다.

존재목적을 실현할 수 있는 장(場)을 넓혀 가려면 사상적인 진보를 이루어야 한다. 사상은 생명이 갖고 있는 인식체계다. 이는 이해를 토대로 한 일종의 관념이다. 스스로는 관념을 유지해 가고자 하는 성질이 있다. 생명은 사상이라는 관념을 통해 질서를 찾고, 자기 관점에 입각한 올바름의 척도를 갖게 된다.

사상을 갖춘 생명은 스스로의 사상이 올바르다고 생각하기 때문에 그 틀을 벗어나려고 하지 않고, 또 깨뜨리려고 하지도 않는다.

또 올바르기 때문에 공유하고 전파하고자 하며 같은 사상을 갖고 있는 사람들끼리 뭉쳐서 세상을 변화시키고자 한다.

그렇게 되면 필연적으로 상대와 부딪치게 되고 때로는 전쟁도 불사하게 된다. 사상적 교류가 이렇게 이루어지면 그것은 잘못된 것이다. 사상을 갖춘 생명이 사상적 교류를 행하려면 사상에 대한 편협성이 없어야 된다.

올바름의 기준에는 도덕적 관점에 입각한 올바름과 법적 관점에 입각한 올바름, 사상적 관점에 입각한 올바름, 조화적 관점에 입각한 올바름이 있다. 지금의 나는 어떤 관점에서 올바름의 척도를 갖고 있는가, 또한 상대는 어떤 관점에서 올바름의 척도를 갖고 있는가 그것을 알아야 비로소 편협되지 않은 평등한 교류를 행할 수 있다.

스스로 옳다고 생각하는 것이 혹여 고정된 관념은 아닌지, 나는 어디에 길들여져 있는지, 또 상대는 어떠한지, 사상적 교류를 통해 이런 부분들을 파악하고 개선시켜 갈 수 있다.

내가 어떤 관점으로 세상을 보는가를 파악해야 거기에서 벗어날 수 있고, 상대가 어떤 관점에서 세상을 보는가를 알아야 상대와 원만한 교류를 행할 수 있다.

사상적 교류를 하지 못하면 교류적 관점에 입각한 교류를 행할 수 없다. 교류의 폭을 넓히려면 다양한 생명론, 다양한 존재론, 다양한 가치론에 대한 정립을 폭넓게 이루어야 한다. 상대가 가진 사상이 협소하더라도 부정하지 말고 그대로 인정해 주면서 좀더 나은 관점을 제시하여 그 틀에서 벗어날 수 있게 해주어야 한다.

많은 사람들로부터 호응을 받게 되면 그 호응을 통해 힘을 얻는다. 진보된 관점을 제시해서 진보된 가치를 창출하고, 또 다른 생명에게 이익을 주면 반드시 호응을 얻어서 권력을 얻게 된다. 그렇게 되면 자기 존재목적을 실현하는 것이 훨씬 더 용이해진다.

그러나 거기에 머물러 상(相)에 빠지면 죄를 짓게 된다. 때문에 자기 사상의 진보를 통해 조화적 관점에서 삶을 실현하기 위해 노력해야 한다.

존재목적의 실현은 나에게 이로움을 주기 위한 것이 아니라 상대에게 이로움을 주기 위한 것이다. 때문에 스스로가 호응받지 못해도 상대에게는 이로움을 줄 수 있어야 한다. 호응받기 위해 실현하는 것이 아니라 실현을 위해서 호응이 필요한 것이다.

생활 속에서 만나는 이들을 내 삶 속으로 끌어들여서 그들이 원하는 것과 그들이 추구하는 것을 이해하고 도움을 주지 못한다면 내가 추구하는 존재목적은 허상일 뿐이다.

상대의 존재목적은 상대와 사상적 교류를 행함으로써 알 수 있다.

상대가 사상을 갖추지 못했다면 사상을 갖추도록 이끌어 준다. 존재목적을 갖추지 못했을 경우에도 뚜렷한 존재목적을 갖도록 이끌어 주고 상대가 뚜렷한 존재목적을 갖고 있다면 교류적 관점에 입각해서 교류한다.

5) 교류적 관점의 교류로써 삶의 장애를 극복한다.

교류적 관점으로 교류할 수 있다면 삶이 장애일 수 없다. 어떠한 환경 속에서도 내가 한 발짝 더 진보할 수 있는 계기를 만들 수 있다.

표면적인 관점이나 인과적인 관점에서는 장애가 있으나 교류적인 관점에서 경계를 보고 생명을 대하면 어느 것 하나 버릴 것이 없고, 또한 장애도 없다. 다만 빠르고 더딤이 있을 뿐이다. 고정된 관념으로 상대를 대하는 것은 우매한 일이다. '그 사람은 안 돼.' 라는 것에 매달리는 것은 스스로가 부족함을 드러내는 행위이다.

 사람이 사람과도 온전하게 교류하지 못하고서 어찌 천지만물과 교류할 수 있겠는가? 먼저 사람과 온전히 교류한 이후에 천지만물과의 교류를 논해야 한다. 교류적 관점에 입각한 교류는 존재목적에 입각한 교류로 상의식(想意識)을 발현시켜야 가능하다.

 상의식의 발현에서는 사유를 할 때 드러난 결과에 집착하지 않고 스스로가 가진 사상에 대한 상을 갖지 않는 것이 중요하다.

 십이연기(十二緣起)[15]는 부처님의 사유체계이며 불법은 부처님의 사상체계이다. 부처님께서는 사유를 통해 십이연기(十二緣起)를 아셨지만 그에 대한 상을 갖지 않으셨다.

 『반야심경(般若心經)』에서는 오온(五蘊)의 공을 다음과 같이 표현한다.

 무안이비설신의(無眼耳鼻舌身意)는 색공(色空),

 무안계 내지 무의식계(無眼界 乃至 無意識界)는 수공(受空),

 무무명 역무무명진 내지 무노사 역무노사진(無無明 亦無無明盡

---

15) 십이연기(十二緣起) : 최초 생명에서 천지만물이 나온 과정을 설명한 부처님의 사상체계.

乃至 無老死 亦無老死盡)은 상공(想空),

무고집멸도 (無苦集滅道)는 행공(行空),

무지 역무득(無智 亦無得)은 식공(識空)을 말한다.

신통[16]이란 교류의 역량이 커졌을 때 드러나는 자기 역량이다. 천지만물로부터 받는 호응이 신통이 된다. 신통은 어떤 능력을 갖춰서 생기는 것이 아니며, 얻고자 해서 얻어진 것도 아니다. 의식이 깨어나서 교류성이 넓어짐으로 해서 자연히 생기는 것이다.

삶의 장애들을 하나씩 극복해 갈 때마다 내면의 인식이 깨어나고 그것은 지식으로 저장된다. 사랑, 그리움, 소외감, 외로움, 분노조차도 나의 내면을 일깨우는 도구이다.

이런 마음이 일어날 때 근본으로 돌아가면 더 많은 인식들이 깨어난다. 교류할 수 있는 폭에 따라 존재목적을 실현할 수 있는 역량이 달라진다.

---

16) 신통 : 천안통(天眼通), 천이통(天耳通), 숙명통(宿命通), 타심통(他心通), 신족통(神足通), 누진통(漏盡通) 여섯 가지 경지가 있다. 천안통(天眼通)은 원하는 것은 무엇이든 볼 수 있는 경지이고, 천이통(天耳通)은 원하는 것은 무엇이든 들을 수 있는 경지이다. 숙명통(宿命通)은 상대의 업장을 보는 경지이고, 타심통(他心通)은 상대의 마음을 읽을 수 있는 능력이다. 신족통(神足通)은 의지대로 몸을 움직일 수 있는 능력이다. 누진통(漏盡通)은 자번뇌와 타번뇌, 모든 번뇌가 다 사라짐으로써 창조의 힘을 갖게 된 경지를 말한다. 부처님은 오로지 누진의 행을 인정하셨을 뿐 나머지 신통은 인정하지 않으셨다.

7. 존재목적의 실현

三化에 있어서 존재목적의 실현은 존재목적의 실현이라는 관점에서 모든 교류를 행하고, 사상적 관점의 교류를 통해서 자기 존재목적을 실현하는 것이다. 그러기 위해서는 교류적 관점에 입각해서 교류할 수 있는 역량이 돈독하게 갖추어져 있어야 한다.

'사상적 관점으로 세상을 본다.'
'눈이여, 그대는 어떤 사상에 길들여져 있는가?

스스로가 길들여진 사상을 아는 법이 있다. 어떤 생명론을 갖고 있으며 어떤 존재론을 갖고 있는가? 어떤 가치론을 갖고 있는가? 그것을 살펴봄으로써 스스로의 사상을 알 수가 있다.

교류성이 향상될수록 존재목적을 실현하는 방법도 다양해진다.

사상을 통한 교류를 할 수 있는 자만이 시대를 볼 수 있고 역사를 볼 수 있다. 능히 고금(古今)을 꿸 수 있는 것이다. 공자님도 평가할 수 있고 예수님도, 부처님도 평가할 수 있다. 시대와 역사 속에서 자기를 실현할 수 있는 자는 능히 성인과 견주어서 옳고 그름을 논할 수 있다.

시대와 존재목적에 입각한 교류를 행할 때는 그 시대가 갖고 있는 사상의 미흡함을 탓하지 말고, 그것의 부족한 점을 자기 사상의 두드러진 점으로 보완해서 원만한 사상이 되도록 해야 한다. 그러기 위해서는 자기 사상을 시대적 사상과 교류시켜야 한다.

뚜렷한 자기 사상을 갖고서 시대와 사상적 교류를 행하려는 사람은 자기 사상을 세상 속으로 내보내야 하고 여러 사람이 공유할 수 있는 여건을 만들어야 한다.

그러기 위해서는 자신의 사상을, 사상체계로만 머물게 하지 말고 다양한 문화로 재창출시켜서 많은 사람이 공유할 수 있도록 해야 한다. 사람들이 필요로 하는 진보된 생활양식과 다양한 문화로 재창출되지 못하는 사상은 쓸모가 없는 사상이다. 그런 사상은 시대에 도움을 주지 못한다.

사상의 우수성은 사상이 갖고 있는 보편성과 진보된 생명론, 존재론, 가치론을 통해 드러난다. 여러 가지 문화로 재창출되는 사상은 능히 시대를 이끌어가는 사상이 될 수 있다.

진보된 자기 사상을 갖고 있다고 해서 자신의 사상체계에 안주하지 말아야 한다. 자기와 다른 사상을 갖고 있는 사람들과 부단히 교류해서 자기 사상을 진보시키는 자라야 비로소 시대 속에서 자기를 실현할 수 있는 사람이다.

대부분의 사람들은 시대와 동떨어진 삶을 산다.

시대나 민족, 국가와 교류할 수 있는 방법을 모르기 때문에 그것과 동떨어지게 되고 무관한 삶을 살게 되는 것이다. 시대와 내가 연결될 수 있어야 하고, 민족과 국가와 자연과 내가 연결될 수 있어야 한다. 모든 생명과 내가 연결될 수 있어야 한다. 사상의 눈으로 보는 세상은 매우 넓다. 사상의 눈으로 세상을 볼 때, 나를 실현할 수 있는 폭도 무한하게 넓어진다.

우리가 처한 현실과 다가올 미래 사회의 구조, 지금의 사회가 가진 사상체계로는 앞으로 어떤 미래가 도래할 것인가? 사상의 눈으로 세상을 바라보면 이런 문제에 대한 결론을 유추해 낼 수 있다.

시대를 이끌어가는 정신은 사상이다. 현재의 사상을 어떻게 보완해 주어야 부정적인 미래를 개선시킬 수 있을 것인가? 상적인 면모가 발현되어서 사유체계가 활용되면 존재목적의 실현은 그야말로 무한하게 이루어질 수 있다.

우선 어디에서 자기를 실현할 것인가를 설정하는 것이 대단히 중요하다. 지금 이 시점에서 나에게 맞는 실현의 장을 찾으려면 냉철한 지혜가 있어야 한다.

색의식을 발현시킨 사람이 수의식의 세계를 실현하고자 하는 것은 넘치는 일이다. 수의식을 발현시킨 사람은 보이지 않는 세계에서 자기를 실현할 수는 있지만 사유의 세계에서 자기를 실현하고자 하면 그 또한 넘치는 일이다. 사유의 세계에서 자기를 실현하고자 하는 사람은 자기 사상에 대한 상을 갖지 않는 것이 중요하다.

자신의 사상으로 시대의 사상이 발전되었더라도 그것이 자기가 한 것이라는 상을 갖지 않아야 한다. 내가 가진 사유의 세계는 나만의 것이 아니라 천지만물이 공유하는 세계이기 때문이다.

색(色)의 세계는 전오식(안이비설신의:眼耳鼻舌身意)과 후육식(의:意)이 조합된 세계이며, 수(受)의 세계는 혼의식과 외부의식을 통한 교류로 인해 습득되어진 것이다. 상(想)의 세계는 나만의 사유로 이루어진 것이 아니다. 수많은 생명이 나와 하나가 되어서 나의 의식 속에서 정보를 공유함으로써 드러난 세계이다.

자기 중심을 세워 안팎을 명확히 조견(照見)할 때 넘치지 않을 수 있다. 삼선정에서의 사유는 선천기(先天氣)가 활용된 것이기 때문에 완전한 것이 아니다. 심화(心火)가 생성되어야 완전한 사유를 할 수 있는 역량이 갖춰진다. 때문에 완전한 사유를 하는 방법에 대해서는 사선정의 과정에서 또다시 다루어진다.

8. 인식의 틀 깨기

三化를 이루는 인식의 틀을 깨고 四化로 나아가기 위해서는 다음을 필요로 한다. 표면의 비워짐과 이면의 비워짐을 합일시킴으로써 중심의 일과 근본의 일을 행한다. 금강지(金剛智)에서 해탈지(解脫智)로 진보를 이룬다.

면모의 개발은 수의식과 상의식의 발현에서 행의식(行意識)의 발현을 도모한다. 각성은 돈독한 일시적 무위각을 증득한다. 자기제도는 갈비뼈 순화를 마치고 황정의 형성을 통해 꼬리뼈 순화를 이룬다.

교류성의 확보를 놓고 보면 조화적 관점에 입각한 교류를 행한다. 존재목적의 실현은 조화의 실현을 도모한다.

이처럼 각 과정마다 진보를 통해 인식의 틀을 넓혀 나간다.

여덟 진로에 입각한 아홉 단계 수행, 그 네 번째 단계

四化

견성(見性), **해탈지**(解脫智)
초지보살(初地菩薩)

四化圖

※ **인식의 틀 깨기**

중심 : 황정 형성 → 중극 형성
근본 : 유상삼매 → 무상삼매
자기제도 : 꼬리뼈 순화 → 채약
면모의 개발 : 행의식의 발현 → 완전한 행의식의 발현
각성의 증득 : 돈독한 일시적 무위각 → 본연적 무위각
교류성의 확보 : 더욱 원활한 조화적 관점에 입각한 교류
존재목적의 실현 : 허공해탈, 금강해탈 → 반야해탈의 성취

1. 중심의 일

금강지(金剛智)의 상태에서 표면의 철벽과 이면의 텅 비워짐에 관여되지 않는 한자리를 찾았을 때, 그것으로 인해 본성의 문이 열린다.

금강지의 상태에서 표면은 항상 철벽이 되어 있고, 이면은 에너지로 채워졌다가 비워지는 상태를 반복한다. 비워진 이면에 선천기(先天氣)가 생성되어 채워지면, 그 선천기를 중심의 표면으로 이동시켜 철벽을 튼튼히 해주고 이면은 다시 비워진 상태로 된다.

이런 상태에서 표면의 철벽과 이면의 비워진 상태를 합쳐서 표면으로 삼는다. 그리고 그것을 대하는 아무렇지 않은 자리를 인식한다. 이 자리가 바로 한자리이다.

1) 한자리를 얻는 세 가지 방법

한자리를 얻는 법은 자기제도를 통한 갈비뼈 순화의 법과 중관(中觀)을 통한 선정법(禪定法), 그리고 공관(空觀)을 통한 삼매법(三昧法)이 있다.

(1) 갈비뼈 순화를 통해 한자리를 얻는 법

이 공법은 선천기의 운용을 통해 갈비뼈에 내재된 업식을 순화하고 선천기로 이면을 자극하여 선천기 자체를 순화하는 공법이다(구체적인 갈비뼈 순화의 공법은 『관, 쉴 줄 아는 지혜』를 참조할 것).

삼선정(三禪定)에서 갈비뼈 순화를 반복하면서 업식이 순화되고 선천기 자체도 순화되어 이면에 대한 인식력이 공고해졌을 때 한자리가 드러나게 된다. 이때는 심화의 표출이 함께 일어난다. 심화가 표출되면 본성의 문 안에 들어선 것이며, 사선정(四禪定)에 들어선 것이다.

하지만 이때 생성된 심화 자체를 본성이라고 착각하면 안 된다. 심화는 인식이 무상에 도달했을 때에 생성되는 에너지이지 본성 자체는 아니다.

○ 심화가 표출되었을 때 드러나는 경상

① 선천기의 자극이 없어진다.

선천기가 주는 열감, 압박감, '쩌르르-' 하는 자극들이 사라진다. 심화는 그 기질이 부드러우면서도 포근해서 마치 봄바람과 같다. 그래서 심화가 생성되면 고향에 돌아온 것 같은 안식을 얻는다. 이것이 본성을 놓고 고향이라 비유하는 이유이다.

② 아랫배 쪽이 텅 비워진다.
속이 빈 항아리처럼 몸이 비워진다.

③ 위, 소장, 대장, 방광 등의 순화가 시작된다.
심화는 주로 몸의 아래쪽으로 작용한다. 아래쪽 장부를 순화하기 위해서이기도 하지만 에너지 센터가 하단전에 있기 때문이다. 심화는 주로 아랫배 쪽으로 내려온다. 이렇게 심화가 내려오면서 위장이 순화되기 시작하면 위가 꿈틀거리면서 경련이 일어난다.

소장, 대장이 순화될 때는 장부가 뒤틀리면서 식은땀이 흐를 정도로 통증에 시달리기도 한다. 방광이 순화될 때는 방광 양쪽에 얼음장이 박혀 있는 것처럼 싸늘한 냉기가 표출된다.

처음부터 장부 순화를 거쳐서 척추 순화, 갈비뼈 순화를 단계적으로 거친 사람은 이 과정에서는 통증이 덜하다. 하지만 그렇지 않은 사람은 심한 통증에 시달린다.

특히 몸에 병이 있었던 사람은 필설로 형용할 수 없을 만큼 큰 고통을 겪기도 한다.

　심화에 의해 장부가 순화되면 성격적으로도 변화가 일어난다. 위장의 경우는 예민한 성격이 없어지고, 소장과 대장의 경우는 짜증이나 까탈스러움이 없어진다. 방광이 순화되면 조급한 마음이 없어진다.

　장부 순화는 자기제도의 단계를 거치면서 지속적으로 이루어진다. 처음 장부 순화를 할 때 10% 정도의 장부 순화가 이루어지고 이후 선천기가 발현되고 척추 순화가 이루어지면서 20% 정도의 장부 순화가 이루어진다.

　갈비뼈 순화의 과정에서 30% 정도가 이루어지고 차후 꼬리뼈 순화, 머리뼈 순화, 신경 순화로 진행되면서 지속적으로 이루어진다.

④ 하단전에 빛무리가 맺힌다.

　선천기에 의해 빛무리가 드러날 수도 있기 때문에 빛무리가 나타나는 현상만으로 심화를 구분할 수는 없다. 하지만 앞서 말한 장부 순화가 진행된 이후에 드러난 빛무리는 심화의 표출로 볼 수 있다.

※ 거부의식이나 분별을 다스리지 못하면 몸 내부의 기운이 음화된다. 따라서 공부가 깊어질수록 자기제도가 병행되지 않으면 더 큰 마장을 겪게 된다. 기운이 음화되는 조건은 거부의식, 비교의식, 격한 감정, 지나친 집착, 스트레스 등이다. 기운이 음화되면 의식활동이 둔화되고 외부의식이 침해할 수 있는 조건이 된다. 또 체온이 떨어지고 장부의 면역성이 저하되며, 뼈의 성장이 불균형적으로 이루어진다. 영혼으로 존재할 때는 생명이 세분화되는 원인이 된다.

(2) 선정법(禪定法)을 통해 한자리를 얻는 법

① 선정법(禪定法)

선정법은 경계를 중심을 통해 비추어 보는 중관(中觀)의 법이다. 근본자리는 본래 갖춘 것이어서 진보하지 않지만 중심은 처음 고요함에서 담담함, 철벽, 텅 비워짐으로 진보한다.

중심이 진보하지 않으면 중심을 통해 비추는 이면에 대한 인식력도 키워지지 않는다. 중심이 근본과 합쳐져서 한 단계 진보하고, 진보된 중심에 대해 아무렇지 않은 자리를 찾음으로써 근본에 대한 인식력이 커진다. 다시 중심이 그 근본과 합쳐져서 진보되는 것이 바로 중심이 진보되는 이치이다.

선정법을 통해 한자리를 얻는 법에 대해서 일선정에서 사선정까지의 과정을 통해 살펴보자.

일선정(一禪定)에서 처음 중심의 상태는 고요함이다. 그 고요함을 통해서 경계에 대해 아무렇지 않은 자리를 인식하면 그 자리가 바로 근본이다. 이때를 일러 중심은 고요하고 그 바탕은 아무렇지 않다고 말한다. 이때 아무렇지 않은 자리는 이해나 관념 또는 대상을 통한 인식이다. 그렇기 때문에 이때의 근본은 경계를 제도하는데 쓰여지지 못한다. 때문에 중심으로 경계를 제도한다.

중심의 고요함과 근본의 아무렇지 않음이 합쳐져서 이선정(二禪定)의 중심인 담담함이 된다. 이선정에서는 중심분리를 통해 표면과 이면으로 중심을 분리시킨다.

표면으로는 경계와 나 사이의 일치를 도모하고 이면으로는 표면의 움직임에 관여되지 않는 한자리를 확보한다. 이때의 이면이 이선정의 근본이다. 이선정의 근본은 일선정의 경우처럼 이해나 관념으로 보는 것이 아니라 뚜렷한 인식을 통해 본다.

이선정(二禪定)부터는 근본에 대한 인식력을 경계를 제도하는데 활용할 수 있다. 하지만 아직까지는 후천기를 사용하기 때문에 제도에 한계가 있다.

경계와 의식의 일치를 도모할 때 경계가 장애를 갖고 있다면 그 장애를 근본으로 비추어서 경계를 제도하고 중심의 상태를 다스린다. 이것이 익숙해지면 중심분리를 통해 근본을 열고 닫는 것이 가능해진다.

표면의 움직임에 관여되지 않은 한자리를 갖추고 그것을 지켜가기 위해 노력하다 보면 중극이 세워져서 선천기(先天氣)가 표출된다. 이 선천기와 이선정의 근본, 그리고 중심이 합쳐져서 삼선정의 표면이 된다.

삼선정에서는 표면은 철벽이 되고 이면은 텅 비워진 상태가 된다.

이면에서 선천기가 생성되면서 이면은 선천기로 채워지고 따라서 무상의 상태였던 이면은 유상으로 변화된다. 이면이 유상이 되었을 때 그 원인이 되었던 선천기를 표면으로 보내서 표면의 철벽을 두텁게 하면 다시 이면은 비워져서 무상이 된다. 이런 과정을 반복하다 보면, 이면이 채워졌다가 비워지는 것에 관여되지 않는 한자리에 대한 인식력이 생긴다.

이면은 에너지로 인해서 유상과 무상 사이를 왕래하고 이러한 변화에 관여하지 않은 한자리를 식(識)으로써 갖추게 된다. 이 한자리가 바로 삼선정의 근본이 된다.

철벽이 허물어져서 생기는 비워짐과 이 한자리가 합쳐지면 사선정(四禪定)에 들게 된다. 이 단계가 견성(見性)의 단계이다. 옛 선사들은 이 단계를 일러서 '먼저 뜬 달과 나중 뜬 달이 합쳐진다'고 하였다.

나중 뜬 달은 텅 비워진 자리이고, 먼저 뜬 달은 그것에 대해 관여되지 않는 한자리이다.

② 중극 형성 이후 선천기를 표출시켜 한자리를 얻는 법

ㄱ. 중극을 세워서 선천기가 표출되는 것을 인식한다.
이때는 삼선정(三禪定)에 들어있는 상태이다.

ㄴ. 표출된 선천기를 중심의 표면으로 돌린다.
여기에는 다음의 두 가지 방법이 있다.

ⓐ 풀무질을 하듯이 중극에서 표면으로 기운을 밀어내는 방법이다.
뒤쪽에서 앞쪽으로 의지를 전이시키면서 들숨에 기운을 앞쪽으로 밀어낸다. 지극한 마음을 내면 쉽게 이동한다.

ⓑ 명문으로 선천기를 내려서 불덩어리를 만든 다음에 충맥을 타고 중심의 표면으로 이동해 오는 방법이다.
　위의 두 가지 방법 중 하나만 취하면 충분하지만, ⓑ를 택하는 것이 더 낫다.

　ㄷ. ㄴ의 과정을 반복하면서 중극에 대한 인식력을 키운다. 중극에 대한 인식력이란 기운이 표출되는 느낌이 아니라 기운이 표출되는 그 자리에서 인식하는 아무렇지 않은 마음이다.
　이 과정을 반복하면서 중극에 대한 인식력을 키우고 명문에 선천기가 쌓이면 명문과 오장이 선천기로 서로 공명하는 것을 느끼게 된다.

　ㄹ. 이런 과정을 반복해서 표면이 철벽이 되도록 한다.
　앞의 ㄱ, ㄴ, ㄷ의 과정을 여러 번 반복하다 보면 표면은 저절로 철벽이 되어 있다.

　ㅁ. 표면의 철벽에 지속적으로 의지를 둔다.
　이때 중극의 아무렇지 않은 자리를 같이 지켜보면 더욱 좋다. 그러면 선천기가 지속적으로 표출되어 표면으로 이동해

온다.

처음 철벽을 인식할 때는 사람마다 제각기 다르게 느낀다. 밋밋하게 방바닥처럼 느껴지기도 하고 커튼이 쳐진 것처럼 느껴지거나 혹은 답답하게 느끼기도 한다. 스승이 없이 공법을 모르고 이런 경지를 이루었다면, 이런 답답한 상태를 병에 걸렸다고 생각한다. 그러니 철벽이 견성(見性)으로 들어가는 문이라고 어떻게 생각할 수 있겠는가?

이때는 앉든지, 걷든지, 눕든지 어떤 상황에서도 그 철벽을 유지시켜 갈 줄 알아야 한다. 그리고 충분한 시간 동안 철벽을 음미하는 것이 중요하다. 처음에는 앉아서는 철벽이 있다가도 일어서면 금방 사라지기도 한다. 그럴때는 다시 중극에 의지를 두고 선천기를 이끌어내서 철벽을 이룬다.

철벽이 잘 세워지지 않는 것은 철벽이 세워지는 일련의 과정들이 익숙하지 않기 때문이다. 그런 경우에도 처음 일선정(一禪定)부터 다시 시작한다.

철벽이 사라지더라도 다시 중극에 의지를 두고 선천기를 이끌어내서 철벽을 이룬다. 중극이 잘 세워지지 않으면 일선정(一禪定)에서부터 다시 시작한다.

일선정, 이선정, 삼선정을 항상 익숙하도록 닦아야 한다.

익숙해지면 다시 철벽이 생기고 반복하다 보면 항상 그 자리에 철벽이 있다. 이때는 철벽을 보면서 걸음도 조심스럽게 걷고, 철벽을 보면서 이야기하고 모든 행동을 철벽을 보면서 한다. '무엇을 어떻게 해야지' 하는 마음을 갖지 않고 항상 아기를 보듬어 안고 있듯이 오로지 철벽만 지켜가야 한다. 이때 철벽은 뻑뻑하고 훈훈한 열감을 동반한다.

이 기간을 최소한 2주일 이상 가진다. 이때에는 본성의 문이 완연히 열릴 수 있도록 시간을 아끼지 말아야 한다. 철벽이 허물어지면서 드러난 빈 자리가 바로 나중 뜬 달이다.

ㅂ. 철벽을 지켜감을 오매일여(寤寐一如)가 되도록 한다.

이때는 꿈 속에서도 철벽을 갖고 있다. 충분한 시간 동안 철벽을 음미하며 즐길 줄 알아야 오매일여가 된다. 안에서 드러나는 상황이든 밖에서 접해지는 상황이든 어떤 경계가 다가와도 흔들리지 않는 자리, 튼튼해서 관여되지 않는 자리를 즐길 줄 알아야 한다.

이때는 앉아 있는 것이 낭비일 수도 있다. 오히려 저잣거리로 나가서 다양한 상황 속에서도 철벽을 지켜 갈 수 있어야 한다. 철벽 이후의 공부는 그 자체가 큰 즐거움이다.

오매일여는 반드시 거쳐야 하는 과정은 아니다. 때문에 억지로 도모해서는 안 된다. 다만 그 경지를 이루기 위해 충분한 시간을 가지는 것이 중요하다. 오매일여가 되기 전에 갈비뼈 순화로 넘어갈 수도 있고 시절인연이 도래해서 철벽이 허물어질 수도 있다.

ㅅ. 여기에서 수행이 두 갈래로 나뉜다.
공법을 아는 경우라면 갈비뼈 순화로 공부를 발전시킨다.
만약 공법을 모르는 경우라면 시절인연을 통해 철벽이 허물어지고 표면이 '공(空)' 해진다.
시절인연이란 철벽을 지켜가는 것이 무르익은 때에 인연이 도래해서 철벽을 허물어 버리는 것이다. 그렇게 되면 철벽이 허물어진 자리에서 빈 것을 보게 된다. 시절인연은 참으로 지중한 인연이다. 수많은 생(生) 동안 그 인연에게 큰 이로움을 주었을 때 도래할 수 있는 인연이다.
시절인연 또한 철벽을 사무치도록 붙든 자만이 만날 수 있다. 어떤 갈래로 수행을 하든지 철벽이 갖추어지기까지의 과정은 다를 수 있지만 철벽이 허물어지고 난 후의 일은 같다.

▶ 경계에 따른 선정의 활용

경계를 대하는 효율성에 따라 쓰여지는 선정의 단계가 달라진다. 중심의 표면으로 일치하여 경계를 대해야 할지, 금강지(金剛智) 또는 해탈지(解脫智)로 대해야 할지 상황에 따라 활용되는 선정의 단계가 달라진다.

예를 들어 외부의식을 제도할 때는 이선정(二禪定)을 활용한다. 중심을 세우고 중심을 표면과 이면으로 분리하여 이면에 의지를 집중해서 선천기를 표출시키면 된다. 이렇게 되면 외부의식의 의식은 최대한 확장되고, 스스로는 외부의식을 통해 얻어진 지식으로 자기 활용의 폭을 넓힐 수 있다.

대패질만으로는 집을 지을 수 없다. 상황에 맞게 망치질도 필요하고 톱질도 필요하다. 마찬가지로 수행하는 자는 각각의 선정법(禪定法)과 삼매법(三昧法)을 익숙하게 닦아서 필요할 때마다 바로바로 쓸 수 있는 역량을 갖추어야 한다. 이것은 주춧돌의 운용과도 관련이 있다.

⑶ 삼매법(三昧法)을 통해 한자리를 얻는 법

① 삼매법(三昧法)

중심분리의 상태에서 드러난 모든 것은 다 표면으로 돌리고, 아무렇지 않은 그 마음만 계속해서 지켜가면 한자리를 얻을 수 있다. 이것이 삼매법(三昧法)으로 공관(空觀)의 법이다.

심식일여(心識一如)의 상태에서 아무렇지 않는 마음에 집중해서 드러나는 모든 것은 유상으로 돌리고 오로지 아무렇지 않음을 물고 늘어지면 이삼매(二三昧)에서 바로 삼삼매(三三昧)로 들어간다.

이때를 일러 '일초직입 여래지(一初直入如來智)'라고 한다. 이 방법이 빠르다고 하지만 여덟 진로의 수행으로 나아가려면 나머지 진로의 수행도 함께 병행되어야 한다. 때문에 결국에는 차이가 없다.

삼매법을 통해 철벽을 형성하는 과정은 三化 중심의 일을 참조하고 이후 삼삼매까지의 과정을 통해 한자리를 얻는 법에 대해 알아보겠다.

이삼매의 초입에서 이면에 대한 그리움으로 일관하여 선

천기가 발현된 경우, 대부분은 이삼매에서 빠져 나와 삼선정으로 나가게 된다.

그렇지 않고 빈 것에 대한 그리움이 절절히 사무친 특수한 근기를 가진 사람만이 이삼매의 중입으로 들어간다. 그러면 이삼매의 상태에서 사선정의 한자리로 직접 건너와 버린다. 이것이 바로 삼매법이며 한자리를 얻는 세 번째 법이다.

이때는 이면에 완전히 몰입된 상태다. 벽이 생겼다가 사라지고, 에너지가 쌓였다가 사라지고, 기운이 갈비뼈를 따라 흐르는 등 수많은 변화들이 표면에서 일어나도 그 변화를 인식하지 못한다.

심지어는 몸에서 진물이 흐르거나 고름이 나오는 것조차도 인식하지 못한다. 먹고 자는 것도 잊어버리는 정도가 되니 철벽이 생겼다가 허물어지는 것을 어찌 알 것인가? 때문에 일상생활을 하면서는 불가능한 방법이다.

이런 정도로 공부가 진행된 경우라면 삼삼매(三三昧)가 계속되도록 해야 한다. 만약 이때 삼매에서 깨어났는데 선정법을 알지 못한다면 이후의 수행뿐만 아니라 몸의 상태도 바로잡지 못해 큰 고통을 겪게 된다.

화두선(話頭禪)으로 삼 일 동안 또는 일주일 동안 삼매에 들었다는 경우를 보면 에너지를 생성하는 과정이 없기 때문에 몸에 큰 변화들이 일어나지 않는다.

하지만 삼매법의 경우는 선천기와 심화를 생성해서 자기제도를 하기 때문에 몸이 감당하기 힘들 만큼 큰 변화들이 일어난다.

② 한자리를 얻은 이후 사선정

중관(中觀)을 통한 선정법(禪定法)이든 공관을 통한 삼매법(三昧法)이든지 간에 한자리를 찾았으면 본성을 인식한 것이다.

사선정에서는 표면과 이면을 구분하지 않는다. 다만 중심과 근본을 유상과 무상으로 구분한다. 이렇게 하는 것은 중심의 상태가 고정되어 있지 않고 쉼 없이 변화하기 때문이다. 이때 일어나는 중심의 변화는 심화로 인한 것이 있고, 한물건[1]으로 인한 것이 있으며, 황정으로 인한 것이 있다.

사선정에서는 중심이 갖고 있는 이러한 변화들을 유상으로 삼고 그것에 관여되지 않는 한자리를 무상으로 삼는다.

ㄱ. 심화와 선천기의 구분

---

1) 한물건 : 하단전에서 세 가지 에너지가 합쳐졌을 때 드러나는 현상을 표현한 말(심화+선천기+후천기).

심화를 처음으로 표출시킨 사람은 심화와 선천기를 구분하지 못한다. 갈비뼈 순화로 철벽을 허물어뜨린 사람은 갈비뼈 순화 이전은 선천기, 이후를 심화라고 뚜렷하게 구분할 수 있지만 그 과정을 거치지 않고 일시적으로 심화가 표출된 사람은 그것이 심화임을 알아차릴 수 없다.

선천기(先天氣)는 뜨겁고 거칠고 힘이 있지만 심화(心火)는 그렇지 않다. 심화는 포근한 봄바람과 같다. 심화는 빛으로 인식되기 때문에 빛으로 구분할 수도 있지만 반드시 그런 것은 아니다. 외부의식이 접해져서 선천기가 발현되어도 빛으로 인식되기 때문이다.

때문에 철벽이 허물어진 다음에 생성된 에너지가 하단전 쪽으로 내려와서 소장, 대장, 위, 방광 등을 순화하고 하단전에 빛으로 맺힌 경우에만 온전한 심화로 인정할 수 있다.

처음에는 심화인지, 선천기인지, 구분하지 못할 수 있다. 그러나 애써 그것을 구분할 필요는 없다. 그것이 어떤 기운인가가 중요한 게 아니고 어느 단계에 있는지를 아는 것이 중요하다.

그럴려면 중심이 사선정의 상태가 될 때까지의 과정과 변화를 정확하게 이해하고 숙지하는 것이 중요하다. 이론을 정확히 알고 있어도 수행을 하다보면 헷갈릴 수가 있다. 정확하게 과정을 밟아가지 않으면 선천기를 심화라고 착각하는 우(愚)를 범하게 된다.

표면이 철벽을 이룬 상태에서 육 개월 이상을 붙잡고 있었던 사람이라면 심화를 구분하는 것이 어렵지 않다. 왜냐하면 철벽을 이루도록 했던 선천기와 철벽이 허물어진 뒤에 생성되는 심화의 차이를 확연하게 느낄 수 있기 때문이다.

ㄴ. 심화가 아랫배로 내려가는 이유

심화가 하단전으로 내려가는데는 세 가지 이유가 있다.

첫째, 심화는 신화(腎火)[2]를 그리워한다.

이것을 선도에서는 감리상교(坎離相交)라 한다.

둘째, 심화는 장부의 균형을 유지하려고 한다.

위쪽 장부는 이미 순화가 되어 있으나 아래쪽은 순화되지 않았으므로 장부의 균형을 맞추기 위해 심화가 아랫배로 내려온다.

셋째, 심화는 결실을 맺고자 한다.

봄에 싹이 터서 여름에 햇빛을 받고 가을에 열매가 맺히듯

---

2) 신화(腎火) : 뼈를 생성하고 성장시키는 에너지. 생명이 적정성을 잃어버린 후부터는 심화(心火)와 선천기(先天氣)를 생성하지 못하게 되었다. 그래서 호흡으로 섭취하는 후천기(後天氣)와 곡기(물질에너지)를 섭취해서 신화를 생성해 내는 것으로 그 명(命)을 삼게 되었다.

이 심화도 결실을 맺고자 한다. 심화는 천지만물이 형상을 갖도록 한 원인이다.

심화가 틀을 이루면서 십이연기(十二緣起)가 시작되고 그 과정에서 천지만물이 형상을 갖게 된 것이다. 인체를 놓고 볼 때 하단전은 열매자리이자 결실의 자리이다. 그래서 심화는 하단전으로 내려와 빛으로 맺히게 된다. 이 빛은 눈을 감아도 보이고 떠도 보인다.

선천기는 그 형질이 경락과 신경, 그리고 뼈를 타고 흐르게 되어 있다. 하지만 심화는 고정된 통로가 없다. 표출된 선천기는 주로 뼈를 따라 이동한다.

명문의 선천기는 경락을 통해 표출되서 척추를 따라 위로 이동하고, 중극의 선천기는 신경을 통해 표출되어서 척추를 따라 위, 아래로 이동한다. 그래서 표출된 선천기를 중심으로 보내 철벽을 이루는 공법이 필요한 것이다.

상승의 공부를 하고자 하는 이는 선정법과 삼매법, 그리고 자기제도법을 얻어서 각성을 갖출 줄 알아야 한다. 그러기 위해서는 반드시 심화라고 하는 무상력을 얻어야 한다.

심화가 생성되고 그를 통한 교류가 행해지면서 팔식(八

識)을 쓰게 된다. 그렇게 되면 성소작지(成所作智)[3]를 행할 수 있는 역량이 갖춰진다.

이때부터는 일시적 무위각을 활용하여 밖의 경계를 제도하는 허공해탈(虛空解脫)과 안의 습성을 제도하는 금강해탈(金剛解脫), 그리고 공이 주체가 되고 유상이 객체가 되는 반야해탈(般若解脫)로 수행을 발전시켜 간다.

---

3) 성소작지(成所作智) : 원하는 것을 이룰 수 있는 지혜.

2. 근본의 일

四化에서 근본의 일은 한자리를 지켜가는 것이다.
삼선정(三禪定)에서의 한자리는 표면이 철벽인 상태에서 이면이 채워지고 비워지는 것을 반복할 때 그것에 관여되지 않는 자리이고, 사선정(四禪定)의 한자리는 심화의 생성으로 인해 드러나는 모든 변화에 관여되지 않는 자리이다.

처음 심화가 생성되고 나서 황정이 형성될 때까지, 전체 과정에 걸쳐 드러나는 모든 변화를 인식하며 그것에 관여되지 않는 한자리를 지켜가는 것이 四化의 과정에서 근본의 일을 행하는 것이다. 때문에 四化의 과정부터는 근본의 일을 별도로 행하지 않는다. 여덟 진로 전체 과정에서 함께 근본의 일을 행한다.

3. 자기제도의 일

四化에서 자기제도의 일은 궁극적으로는 꼬리뼈 순화를 이루는 것이다. 하지만 그 이전에 거쳐야 할 몇 가지 과정이 있다.

첫째, 아랫배 쪽에 위치한 소장, 대장, 위장, 방광의 순화를 이루는 것이다.

둘째, 하단전에 한물건이 형성되도록 하는 것이다.

셋째, 신화(腎火)를 표출시키는 것이다.

넷째, 황정을 형성하는 것이다.

그런 다음에 꼬리뼈 순화가 이루어진다.

이 모든 과정들이 원만히 진행되려면 먼저 한물건이 형성될 때까지 한자리를 오롯하게 지켜가야 한다. 그럴려면 오로지 한자리에 몰입해서 한자리에 대한 인식력을 키워야 한다.

1) 위장, 소장, 대장, 방광의 순화

심화가 아랫배로 내려오면서 위장, 소장, 대장, 방광의 순화가 일어난다. 이때 드러나는 현상이 있다.

시궁창 냄새 또는 생선 썩은 냄새가 합쳐진 것 같은 냄새가 난다. 몸에서는 비린내가 나서 주위 사람들이 괴로워할 정도가 된다. 입에서도 단식을 오래 했을 때에 나는 썩은 냄새가 난다. 이는 위장과 소장, 대장이 순화되면서 드러나는 냄새이다.

소장이 순화될 때는 배탈이 난 것처럼 아프다. 배 속이 꾸물텅거리고 가스가 찬 것처럼 더부룩하면서 불편하다. 소장에 적체된 것이 씻겨져 나오면서 이런 변화들이 일어난다.

대장의 순화가 일어날 때는 뱃속에서 전쟁이 일어난 것처럼 '우당탕' 하거나 '꾸룽꾸룽' 소리가 난다.

위장이 순화될 때는 속이 타는 것처럼 더운 열기가 목구멍으로 올라오고 뒤틀리고 꼬이면서 경련이 일어난다. 위장병이나 소장병, 대장병을 앓았던 사람의 경우에는 이와 같은 증상이 더욱 심하게 나타난다.

아랫배 쪽이 순화되면서 이런 고통이 일어날 때에 거기에 굴복해서 한자리를 지켜가지 못할 수도 있다. 하지만 삼선정(三禪定)의 과정에서 한자리에 대한 감각을 철두철미하게 익힌 사람은 이때의 통증 속에서도 능히 한자리를 지켜갈 수가 있다.

아랫배 순화의 과정이 끝나면 폭풍우가 일다가 잔잔해진 바다처럼 지극한 편안함이 찾아온다. 이때 편안함에 너무 빠진 나머지 여지껏 지켜온 한자리를 놓칠 수도 있다. 그러니 한자리를 인식하는 것과 편안함을 혼동하면 안 된다.

편안함은 유상에 있는 것이고 근본은 무상한 것이다. 이때의 유상을 이루는 조건은 몸의 상태이다. 중심이나 몸의 어떠한 변화에도 관여되지 않는 한자리를 철저히 지켜가는 것, 그것이 바로 이 과정에 있어서 근본의 일이다.

위, 소장, 대장이 순화된 이후에 찾아오는 편안함 속에서 한자리를 지켜가다 보면, 어느 때에 이르러 방광의 순화가 일어난다. 이때는 방광에서 얼음장 같은 냉기가 빠져 나온다. 그러면서 배가 끊어질 듯이 아프고 손 끝이나 피부가 쩍쩍 갈라지면서 진물이 흐르기도 한다.

남자에 비해 여자들이 더 큰 변화를 느낀다. 이때 방광에서 표출되는 탁기는 요산(尿酸)에 의한 것이다. 나이가 들어 방광이 늘어지면 구슬처럼 작은 요산 알갱이들이 방광 아래쪽에 모여 있다가 심화에 의해 기화되면서 얼음장 같은 냉기로 표출되는 것이다. 이때 아랫배가 끊어질 듯이 아프게 된다. 그러면서 냉기가 발바닥의 용천(湧泉)까지 내려간다.

용천이 미리 열려 있는 사람이라면 냉기를 쭉 밀어 용천으로 배출시키면 훨씬 쉽게 고통에서 벗어날 수 있다. 하지만 그런 공법을 모르는 사람은 냉기가 발 쪽으로 내려갔다가 다시 아랫배 쪽으로 치고 올라온다. 그러면 아랫배 전체가 얼음장이 박힌 것같이 싸늘해진다. 그때의 고통은 이루 말할 수 없다.

아랫배의 순화는 따로이 도모하지 않아도 심화가 내려오면서 저절로 이루어진다. 때문에 이 과정에서는 하단전에 빛무리가 저절로 맺힐 때까지 오로지 한자리를 지켜가면서 기다려야 한다.

그러나 고통에 굴복당해서 한자리를 지켜가지 못하는 경우도 있다. 그렇게 되면 심화의 생성은 중단되고 몸의 순화도 정체되어 병을 얻을 수도 있다.

처음 수행을 시작할 때 장부 순화, 척추 순화, 갈비뼈 순화를 차례로 거치면서 진행한 사람은 큰 고통을 겪지 않고 이 과정을 넘길 수 있다. 하지만 공법을 모르고 어느 날 문득 심화가 표출되어서 이 상태까지 오게 되면 죽지 못해 살아야 하는 큰 고통을 겪게 된다. 그렇기 때문에 오로지 한자리를 지켜서 그것에 대한 인식력을 극대화시키는 것이 중요하다.

2) 한물건의 형성

아래쪽 장부의 순화가 끝나고 나면 하단전에 빛무리가 맺힌다.

수행하는 이의 성품에 따라 빛무리의 색깔이 달라진다. 흰색이나 푸른색, 붉은색으로 빛무리가 맺힌다. 폐에서 제공하는 선천기가 많다면 흰색을 띠고, 신장의 선천기가 많으면 푸른색을, 심장의 선천기가 많으면 붉은색을 띤다. 이처럼 똑같은 심화라도 성품의 차이에 따라 다른 색깔의 빛이 맺힐 수 있다.

이때 드러나는 색깔의 차이는 큰 의미가 없다.

하단전에 빛무리가 맺힌 것을 한물건이라 한다. 하단전의 빛무리를 지켜가는 것이 돈수(頓修)의 시작이자 보임(保任)의 시작이다.

엄밀히 말하면 한자리의 인식과 심화의 표출은 삼선정의 마지막 과정이다. 위장이나 소장, 대장이나 방광의 순화가 진행되면서 삼선정과 사선정 사이를 오고가다가 하단전에 한물건이 형성되면 이때 비로소 사선정에 확실하게 들어온 것이다.

사과(四果)의 관점에서 보면, 이때가 수다원과(須陀洹果)를 얻은 것이다. 방광까지 순화가 되면 이때는 몸이 깃털처럼 가벼워져서 중력의 영향을 받지 않은 것처럼 느껴진다. 그 정도로 몸과 마음이 편안해진다.

이때의 편안함은 색공을 인식한 이후에 두 번째로 느끼는 것이다. 이때는 그 편안함 속에 푹 빠져 있어도 넉넉하여 넘치지도 않고 부족하지도 않다. 한자리를 지켜가는 것도 오롯해서 마치 고단한 여행을 하고 고향집에 돌아와 쉬는 것 같은 편안함을 느낀다.

3) 근본의 일을 더불어서 행한다.

빛무리가 하단전에서 인식되면 빛무리를 지켜가면서 한자리를 인식한다.
아직까지는 인식의 전환이 이루어지지 않아서 현상을 놓고서 이면을 보는 습성이 남아 있다. 그래서 한자리에 입각해서 빛무리(한물건)를 지켜가는 것이 어렵다. 지속적으로 한자리를 지켜가면서 그 상태에서 빛무리를 본 사람이라면 어느 정도 인식의 전환을 이룰 수 있다.

그러나 아직까지는 경계가 주(主)가 되고 근본이 객(客)이 되어 있어서 원리전도몽상(遠離顚倒夢想)이 이루어지지 않은 상태이다. 그래서 이때를 일러 시각(時覺:일시적 무위각)을 얻었다고 한다.

이 단계에서는 한물건에 입각해서 한자리를 지켜가지만

반야해탈의 경지에 이르게 되면 한자리에 입각해서 모든 경계를 비춰 보게 된다.

4) 황정의 형성

한물건이 형성된 다음에 아래와 같이 황정을 형성한다.

① 숨을 들이쉬면서 하단전의 한물건을 명문으로 이끌어 온다.

이것을 한 호흡에 행한다. 한물건이 명문으로 이끌려 오기 이전, 명문의 상태를 보면 중극(中極)에서 표출된 선천기와 원기(元氣)가 합쳐져서 후끈한 열기가 공처럼 매달려 있다.

이것에 한물건이 더해진다. 그러면 명문에서 '드드드드-' 하는 진동이 일어난다. 이것은 불안전한 선천기와 안정된 한물건이 합쳐지면서 일어나는 현상이다.

그러면 이 진동이 꼬리뼈까지 전달되면서 꼬리뼈가 '퍼득퍼득-' 움직인다. 때에 따라서는 시원한 물방울이 꼬리뼈로 '똑똑-' 떨어지는 느낌이 들기도 한다.

② 다시 숨을 내쉬면서 명문에 매달린 한물건을 하단전으

로 이끌어 온다.

하단전이 빛무리와 합쳐진 선천기로 인해 후끈하게 달아오른다. 하단전은 이미 심화로 씻겨져서 안정된 상태이지만 선천기가 한물건과 함께 하단전으로 이동해 오면 선천기의 거칠음으로 인해 장부가 자극된다. 그러면서 속이 울렁거리고 메슥거릴 수 있다.

외부의식이 들어왔다고 생각할 수도 있지만 이때는 외부의식이 몸 안으로 들어올 수 없다.

메슥거린 느낌이 들 때는 숨을 들이쉬면서 기운을 명문으로 보냈다가 다시 하단전으로 이끌어 온다. 호흡만으로 명문의 기운이 하단전으로 이끌려 오지 않을 때는 하단전 옴 수련을 해준다.

③ 하단전 옴 수련

혀의 위치는 아래 앞니 뒤쪽에 살짝 닿을 정도로 둔다. 그 상태에서 옴 수련을 한다. 혀 끝이 앞니 뒤쪽을 울리는 진동이 하단전까지 울리는 것을 느낀다.

음의 높이는 하단전을 울릴 수 있는 높이이다.

※ 하단전 옴의 목적
① 하단전과 명문라인을 확보하기 위해서
(신화를 표출시켜서 황정을 형성할 때)
② 반신소주천을 할 때 가슴의 기운을 하단전으로 내리기 위해서.

위의 방법으로 하단전 옴을 하면서 하단전까지 옴 소리의 파장이 울리는 것을 주시하고 있으면 명문의 기운이 하단전으로 돌아온다.

틈틈이 하단전 옴을 해두는 것이 소장이나 대장 등 아래쪽 장부를 순화하는데 좋다.

열기가 지나쳐서 메슥거림이 일어나면 하단전의 기운을 다시 명문으로 이끌어 온다. 명문과 하단전 사이를 오가는 이 과정을 몇 번 반복한다.

그래도 메슥거림이 사라지지 않으면 아래의 반신소주천을 통해 기운을 순화한다.

④ 반신소주천법(半身小周天法)

ⓐ 명문의 기운을 영대로 끌어올린다.

반드시 들숨에 한다. 명문에서는 기운이 빛으로 인식되지 않고 그냥 덩어리로만 느껴져도 괜찮다.

ⓑ 영대의 기운을 날숨에 중심으로 이끌어 온다.

호흡만으로 기운이 이끌려 오지 않으면 중단전[4] 옴을 하면서 중심의 표면이 울리는 것을 주시한다. 그러면 영대의 기운이 중극을 통과하면서 중심에 모인다.

ⓒ 중심이 철벽을 이룬다. 그러면 잠시 지극하게 철벽을 음미한다.

ⓓ 양쪽 갈비뼈에 '쩌르륵- 쩌르륵-' 하는 자극이 온다.

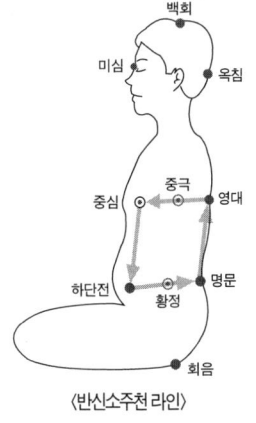

〈반신소주천 라인〉

---

4) 중단전 : 양쪽 젖꼭지를 잇는 선과 임맥이 만나는 부분에 있는 혈.

ⓔ 숨을 들이쉬면서 기운이 양쪽 갈비뼈를 타고 영대 쪽으로 흐르도록 한다.

ⓕ 영대에 모여진 기운을 다시 중심의 표면으로 이끌어 온다.

ⓖ 이 갈비뼈 순화의 과정을 기운이 봄바람처럼 부드러워질 때까지 몇 번이고 반복한다.

ⓗ 중심에서 순화된 기운을 하단전에 안착시킨다.
이때 중심의 기운이 하단전으로 내려가지 않으면 하단전 옴을 통해서 기운을 하단전으로 내린다.

ⓐ~ⓗ까지의 과정을 반신소주천(半身小周天)이라고 한다.
갈비뼈 순화가 미흡했던 사람도 이 과정에서 갈비뼈 순화를 완전하게 마칠 수 있다.

⑤ 들숨에 하단전의 한물건을 명문으로 보냈다가 날숨에 다시 하단전으로 이끌어 오는 과정을 반복한다.

⑥ 한물건으로 신장에 내재되어 있는 신화를 표출시켜서 황정을 형성한다.

한물건이 하단전과 명문 사이로 왔다갔다 하게 되면 하단전과 명문 사이 7 : 3 되는 지점에서 양쪽 신장 쪽으로 '틱-' 하고 끌어당기는 미세한 느낌을 인식한다.

신화는 자신보다 안정된 기운을 따라 이동하기 때문에 더 안정된 심화로 자극해야만 표출된다.

한물건은 후천기와 선천기, 심화가 합쳐졌기 때문에 기질이 거친 상태이다. 때문에 한물건을 하단전과 명문 사이로 내왕시킬 때 신장 쪽으로 당기는 느낌이 없다면 반신소주천을 반복하여 기운이 더욱더 순화되도록 해야 한다.

반신소주천을 통해 한물건을 순화시키는 것은 신화를 표출시키기 위해서이다. 한물건을 순화한 이후에 하단전과 명문 사이를 내왕하다가 신장 쪽에서 '틱-' 하고 끌어당기는 미세한 느낌이 오면, 그 느낌이 확실해질 때까지 여러 번 하단전과 명문 사이를 내왕시킨다.

그러다가 잡아당기는 자리가 확실하게 인식되면 그 자리에 머물도록 한다. 그러면 두 개의 신장으로부터 '쩌르릉-' 하면서 신화가 표출된다.

신화가 한물건에 달라붙으면서 후끈한 불덩이가 확 하고 일어나서 그 자리에 황정이 형성된다. 이때는 마치 이글거리는 화로를 안고 있는 것 같다(한물건으로 신장에 내재된 신화를 낚시질하듯이 나꿔채는 방법).

⑦ 황정이 너무 뜨겁거나 이물감이 느껴지고 메슥거리는 증상이 있으면 다시 반신소주천을 반복해서 기운을 순화한다. 여러 번 반복하여 기운이 순화되면 화로의 불처럼 이글거림은 남아 있더라도 화로 자체가 뜨겁지는 않은 상태가 된다.

지금까지의 수행 과정 중, 이 상태에서 각성은 최고조에 달한다. 그러면 잠도 없어진다. 이때가 되면 비로소 늙고, 병듦에서 벗어나게 된다.

본성을 인식하게 되면 심식의를 제도할 수 있고, 황정을 형성하게 되면 심식의뿐만 아니라 육체를 이루는 구조물까지도 제도할 수 있다.

⑧ 황정에 기운이 응집된 상태에서는 몸의 통로가 열려 있기 때문에 항문이나 용천 쪽으로 기운 덩어리가 빠져 나갈 수 있다.

그런 경우에는 빠른 호흡을 활용한 '나꿔채기'로 빠져 나가는 기운을 다시 끌어들여야 한다.

하단전의 한물건은 심화와 선천기, 후천기가 더해진 것이다. 황정은 한물건에 신화가 더해진 것이다. 황정은 하단전의 한물건이 한 번 더 진보를 이룬 것이다.

장부가 가진 독자적인 생명력을 용(龍)이라고 한다. 신화는 용이며 신장 자체의 생명력이다. 신장에서 신화가 표출되어 있을 때는 뼈가 자라고, 이가 다시 나게 된다. 반대로 신화가 숨으면 송과가 닫히고, 흉선이 닫혀서 늙음이 시작된다.

일반적으로 말하는 회춘이나 반노환동(返老還童)은 신화가 표출되었을 때 이루어진다.

이 다음의 수행에는 다음의 두 가지 진로가 있다.

성선신경총을 순화하는 꼬리뼈 순화 과정과 생식호르몬인 정(精)을 생체에너지로 변환시키는 채약의 과정이 그것이다.

5) 꼬리뼈 순화

꼬리뼈 순화를 통해 성선(性腺)이 순화되면 까탈스러움, 성욕, 투쟁심, 경쟁심 등 생명이 지닌 동물적인 욕구가 제도된다.

① 지극하게 황정을 음미한다.

옛사람들은 이 경지를 일러 '이글거리는 화로 위에 한 점 눈송이가 떨어진다'고 하였다.

이때는 기다리는 시간이다. 기다리면서 일체의 경계(눈송이)가 황정(화로)에서 자취도 없이 녹아 없어지는 것을 음미한다.

② 기다리다 보면, 물고기가 꼬리치듯이 꼬리뼈에 '투둑-투둑-' 하는 자극이 온다. 명문에서 꼬리뼈까지 이어져 있는 성선이 자극되는 현상이다.

③ 모든 경계가 흔적도 없이 황정에 녹아 버리는 평안함을 음미하다가, 꼬리뼈에 자극이 생기고 난 이후에는 짜증, 까탈스러움, 성욕, 투쟁심 등이 일어난다.

신화가 표출되면 호르몬 체계는 열다섯 살 이전으로 돌아간다. 사춘기를 다시 겪는 것처럼 혈기가 일어나며 칠십 넘은 할머니도 생리가 시작된다.

④ 이러할 때 황정을 놓지 않아야 한다.
어떤 경계가 일어나도 황정을 지켜가는 것이 중요하다. 아기를 안고 있는 것처럼 걸을 때도 뒤꿈치를 들고 조심조심 걷는다.

뒤꿈치를 들고 걸으면 기운이 황정으로 모인다. 잠잘 때도 황정을 놓지 말아야 한다. 하나의 감정, 하나의 의식, 하나의 경계가 들어올 때마다 황정으로 돌려 녹인다. 이때 조견(照見:비춤)의 주체는 황정이다.

⑤ 꼬리뼈 순화가 끝나면 성선이 제도되면서 회음에 자극이 온다.
성욕, 투쟁심, 까탈스러움 등의 업식이 더 이상 표출되지 않고 욱신거리면서 아랫배 쪽으로 당겨지는 자극이 회음에서 느껴진다.

⑥ 이때의 자극을 황정과 연결시킨다.

이 이후는 생식호르몬을 생체에너지로 변환하는 채약의 과정이다. 채약법은 五化에서 다룬다.

4. 면모의 개발

四化에서부터는 자기제도부터 이루고 나서 면모의 일을 행한다. 이때에 면모의 개발은 상의식(想意識)을 완전하게 발현시키고 부분적으로 행의식의 발현을 도모하는 것이다. 상의식은 사유성을 말한다. 후천기와 선천기, 심화를 쓸 수 있고 거기에 일시적 무위각이 갖추어져야 지속적인 사유를 할 수 있는 역량이 생긴다.

색의식의 범주에서는 후천기를 활용하여 사유한다. 이때는 지속적으로 사유가 이루어지지 못하고 중간에서 끊어진다. 하지만 심화가 표출되어서 세 가지 에너지가 합쳐진 상태에서는 어떠한 주제를 갖고 매달리더라도 그 주제에 대한 답이 주어질 때까지 사유가 지속된다.

四化의 단계에서 행해지는 사유는 그 이전 단계에서 행했던 사유와 비교할 수 없을 만큼 깊고도 넓다. 구체적인 방법을 통해 그 차이를 살펴보자.

예를 들어보자. '하늘이 왜 파랄까' 하는 주제를 가지고 사유를 하는 경우 그 주제를 중심의 표면에 던져 놓고 이면을 관한다. 그러면 근본자리에서 생성된 심화가 표면에 제공되면서 주제와 연관된 의문을 갖고 있는 다른 생명들과 의식의 일치를 이루게 된다. 그렇게 되면 내가 생각하지 않았던, 의도하지 않았던 생각들이 중심에서 인식된다.

그때 인식되는 정보 중에는 나와 의식을 공유한 외부의식이 전해 준 것도 있고, 내 혼의식 속에서 표출된 것도 있다. 그런 상태에서 두서없이 들어오는 의식을 가만히 지켜보면서 주제와 연관된 정보들을 조합해서 결론을 도출한다.

시각(時覺:일시적 무위각)이 갖추어져 있으면 두서없이 표출되는 정보들도 주제와 연관된 관점으로 정리해서 볼 수 있다.

진보된 관점을 확보해서 활용하기 위한 사유를 할 때도 중심에 주제를 던져 놓고 관하면 그와 연관된 정보들이 쏟아져 들어온다. 이때에도 그런 정보들을 정리해서 진보된 관점을 확보한다.

1) 완전한 상의식과 일반적 상의식의 차이

○ *사유의 목적을 성취하는가?*

사유를 하는 목적은 이치의 타파, 자기 존재목적의 설정, 상대의 존재목적을 알기 위함, 조화의 성취 등이 있다. 사유를 통해 원하는 바대로 그 목적을 성취했다면 상의식이 완전히 발현되었다고 할 수 있다.

○ 어떤 에너지 체계를 쓰는가?

색의식에서의 사유는 후천기, 수의식에서의 사유는 선천기, 상의식에서의 사유는 심화가 쓰여진다. 내부의식의 발현 정도에 따라 사유에 쓰여지는 에너지 체계가 달라진다. 완전한 상의식이라 함은 심화가 쓰여진 사유를 말한다.

후천기를 사용하여 색의식으로 사유할 때는 중간 중간에 사유가 끊긴다. 그 이유는 각성(覺性)이 부족하고 에너지의 공급이 부족하기 때문이다.

색의식의 사유는 안이비설신의(眼耳鼻舌身意)로 인식하는 색성향미촉법(色聲香味觸法)과 희노애락우비고뇌(喜怒哀樂憂悲苦惱)를 근거로 하여 이루어진다. 이때는 중심보다는 의지가 사유의 주체가 된다.

눈으로 본 형상, 귀로 들은 소리, 혀로 본 맛, 피부로 느낀 촉감, 일어나는 생각들을 근거로 해서 어떤 이치가 있느냐, 무엇을 위해 살 것이냐, 나는 왜 존재하느냐, 어떻게 조화를 이루느냐, 올바름은 무엇이냐 하는 등등의 사유를 하게 된다.

색의식의 사유는 제공된 정보가 부족하기 때문에 특정 범주 안에서 맴돌기만 할 뿐, 뚜렷한 결론을 유추해 내지 못하는 한계가 있다. 때문에 올바름을 알기도 어렵고 잘해도 허물에 빠지는 오류를 범할 수 있다.

수의식으로 하는 사유의 근거에는 혼의식으로서 안계(眼界), 이계(耳界), 비계(鼻界), 설계(舌界), 신계(身界), 의식계(意識界)와 외부의식으로 접해지는 상황들이 있다.

안계는 눈으로 보는 대상과 내가 일치됨으로써 드러나는 세계이다. 이계는 귀로 들리는 대상으로, 비계는 냄새로, 설계는 말로, 신계는 촉감으로, 의식계는 생각으로 일치됨으로써 드러나는 세계이다. 이것들을 통틀어 수의식계(受意識界)라고 한다.

수의식의 사유에서는 상대와 내가 의식의 일치를 이룬 상태에서 이루어지기 때문에 색의식에 비해 그 폭이 넓다. 이때는 일치된 의식으로 상대에게 해줘야 할 것이 무엇인지를 알 수 있다. 그래서 인과도 볼 수 있고 교류도 원만하다.

색의식에서는 상대에게 잘해 주고도 나쁜 결과로 상처받을 수 있지만 수의식의 경지에서는 그 결과의 좋고 나쁨까지도 미리 알 수 있게 된다.

다만 인과적 관점으로 교류가 이루어지기 때문에 삶의 테두리가 고정되어 버린다. 나쁜 인과라면 피하고 좋은 인과만 받아들이게 되어서 주어진 운명만 따르게 되는 것이다. 하지만 의식의 일치에서 오는 정보들이 충분하기 때문에 색의식을 활용하는 것보다 훨씬 넓은 사유가 이루어진다.

수의식으로 사유할 때는 영적인 것이 원인이 된 것들은 모두 다 드러난다. 그렇게 되면 어떤 계기로 의식이 침해했는지, 어떤 의식으로 인해 어느 장부가 병들었는지 그 원인을 알 수 있다.

교류의 폭이 색계(色界)[5]라는 현상계에 한정된 것이 아니고 무색계(無色界)[6]까지 확장되었기 때문에 존재목적을 실현하는 폭 또한 훨씬 넓다. 선천기가 활용된 제도를 행할 수 있으므로 상당히 진보된 의식체계를 갖춘 것이다.

이 정도만 되어도 평범한 인간의 차원을 벗어나 비범한 능력을 갖게 된다. 여기에다 심화까지 활용하여 사유를 행한다면 한 단계 더 뛰어넘는 경지를 맛볼 수 있다.

심화를 활용한 사유는 뒷장에서 상세히 다뤄진다. 때문에 여기서는 구체적인 설명은 생략하기로 한다.

---

5) 색계(色界) : 육체 상태로 살아가는 생명들이 만들어 놓은 세상.
6) 무색계(無色界) : 영혼의 상태로 살아가는 생명들이 만들어 놓은 세상.

○ 사유를 하면서 어떤 각성(覺性)이 쓰여지는가?

색의식의 사유는 표면적 유위각이 쓰여지고, 수의식의 사유는 미세적 유위각이 쓰여진다. 상의식의 사유는 일시적 무위각이 쓰여진다.

일시적 무위각을 갖춘 자는 정사유(正思惟)를 통해 올바름을 드러낼 수 있지만, 그렇지 않은 자는 업보나 인과에 매여 있는 분별을 행할 뿐이다.

정사유를 할 수 있는 사람의 안목은 그 관점이 다르다. 본성을 볼 수 없는 사람은 올바름의 척도를 드러난 현상에 두지만, 본성을 볼 수 있는 사람은 올바름의 척도를 드러나지 않은 무상에 둔다.

따라서 무상이 주체가 되어서 모든 유상을 평등하게 보는 관점으로 올바름을 창출한다. 이것을 일러 중도실상행(中道實相行)이라 한다.

여기서 중도(中道)는 '정(正)'이다. '정(正)'은 자기와 경계와 주변간의 조화가 실현된 것이다. 실상(實相)은 경계와 본성이 계합한 것이다. 그러므로 실상행(實相行)이란 경계와 본성이 계합된 행이다.

2) 심화를 활용한 사유, 그 구체적인 방법

(1) 사유의 목적을 설정한다.

이치의 타파, 자기 존재목적의 설정, 상대의 존재목적을 아는 것, 조화의 실현 등 각각의 목적에 따라 사유하는 방법이 제각기 다르다.

이치를 타파하는 사유에서는 불가사의할 정도로 명료한 답이 제시된다. 사유를 통해 자기 존재목적을 설정할 때는 면모의 개발을 통해 드러나는 자기 재능(才能)이 그 근거가 된다. 상대의 존재목적을 알기 위한 사유를 할 때는, 중심의 표면으로 상대와 의식의 일치를 이루어서 드러난 경계가 그 근거가 된다.

사유를 통해 도달해야 할 궁극은 조화의 성취이다. 조화를 이루려면, 현시점에서 나와 상대와 주변이 어떻게 조화를 이룰 것인가를 놓고 충분한 사유가 선행되어야 한다.

① 이치의 타파
ㄱ. 중심을 세운다.
ㄴ. 설정된 주제를 중심에 비춘다.
ㄷ. 심식(心識)의 작용이 중심에서 드러나도록 한다.

▶ 사유의 예

'세 가지 조건이 현상계를 만든다. 현상계를 이끌어가는 세 가지 주체를 알아보자. 첫째는 자기업보이다. 둘째는 의지를 통한 선택이다. 세 번째는 무엇인가?'
이 생각 저 생각을 굴려서 답을 알게 되는 게 아니라 그것이 무엇인지 중심에 비추어 봐야 한다. 생각의 템포를 빠르게 하면 결론에 접근할 수 없다.
'나는 심(心)과 식(識)과 의지로 이루어져 있고 본성(本性)에서 비롯된다. 그렇다면 나의 업보는 어디 있는가?' 이렇게 되물어 봐야 한다. '나의 업보는 심과 식에 저장된 것이다. 선택은 무엇이 하는가? 그것은 의지가 하는 것이다. 현상계라는 것은 무엇인가? 나와 천지만물이 이루어 놓은 세계이다. 그러니 나와 천지만물의 관계가 어떠한가에 따라서 내 삶의 방향이 달라질 수 있다. 따라서 현상을 이끌어가는 세 번째 주체는 나와 또 다른 생명의 관계이다. 나와 또 다른 생명과의 관계는 어떻게 설정되는가?'
그 의문을 다시 중심에서 비추어 보아야 한다.

ㄹ. 주제를 중심에 비추어서 지극히 갈망한다.

생각을 움직이는 것이 아니고 주제를 중심으로 끌어안고 '나와 상대의 관계는 어떻게 설정되는가?'

이렇게 비춰 본다. 이때는 억지로 생각을 일으키려고 하지 말고 중심에서 곱씹으면서 지극히 갈망해야 한다. 중심의 상태는 편안하고 고요한 상태여야 한다.

사유를 할 때는 중심이 답답해서는 안 된다. 편안하고 한가로운 상태에서 '나와 상대의 관계는 어떻게 설정되는가?' 하고 지극하게 비추어야 한다.

ㅁ. 사유의 주제를 벗어난 분심이 일어나면 이면을 세워 준다.

주제를 지극히 곱씹고 가다 보면 생각이 단절되거나 또는 미세망념(微細妄念)[7]이 생길 수 있다. 때로는 주제를 벗어나서 분심(分心)이 일어날 때도 있다. 이때는 분심이 일어난 표면의 상태는 놓아 두고 이면을 세워서 중심분리를 행한다.

ㅂ. 이면에 의지를 두고 표면의 상태를 주시한다.

---

7) 미세망념(微細妄念) : 업식(業識) 속에 내장된 미세한 습성으로 인해 발현되는 사념. 미세망념이 제도되지 않으면 번뇌의 뿌리가 단절되지 않는다.

이때 표면에는 사유의 주제가 있다. 이면에 의지를 두면서 한편으로는 표면의 주제를 갈망한다.

ㅅ. 이면에서 생성된 기운으로 인해 정보들이 표출된다.

이면에 대한 인식력이 키워지면 선천기가 일어난다. 일어난 선천기가 표면에 제공되고 다시 장부를 거쳐서 머리로 올라와 생각의 흐름이 이어지도록 하는 에너지원이 된다.

주제에 대한 갈망으로 인해서 그 주제와 연관된 생각을 하고 있는 외부의식들과 교류되면서 그들로부터 정보가 제공된다. 내 업식 속에 내장된 혼의식도 표출된다. 뇌가 가지고 있는 식의 창고에 저장된 업식과 장부에 저장된 심의 정보도 같이 표출된다.

이렇게 되면 최초에 우주가 태동될 때부터 지금까지 저장되었던 모든 정보가 표출된다. 하지만 이것은 선천기가 쓰여진 사유이기 때문에 한계가 있다. 나중에 심화가 쓰여지면 여래장(如來藏)[8]과의 연결이 가능해져서 무한한 교류가 일어난다.

---

8) 여래장(如來藏) : 최초 생명의 본원(本源). 생명이 최초로 생성해 내는 기운에 대한 긍정성으로 아뢰야식(阿賴耶識)이라는 팔식(八識)을 갖게 되었다. 이것이 모든 생명의 내면에 내재해서 여래장과 단절되지 않은 식(識)을 갖게 되었다.

이런 과정을 통해 중심에 드러난 정보를 접했을 때 각성이 있는 사람은 그 정보를 놓고서 해답을 알 수 있다. 하지만 각성이 없는 사람은 마치 꿈 속에 빠져서 허우적대는 것처럼 정보의 바다에 빠져 주제를 잃어버릴 수 있다.

ㅇ. 이후 두 가지 진로가 있다.

중심에 비추어서 표출된 정보를 주시하면서 기다릴 수도 있고, 정보에 대한 해석을 하고 그 해석에 대해 새로운 의문을 부여해서 사유의 주제를 발전시켜 갈 수도 있다. 표출된 정보를 인식하는 쪽으로 의지가 편중되면 정보가 단절되므로 반드시 이면을 함께 주시해야 한다.

정보가 표출되는 것도 찰나이며, 해석도 찰나에 이루어진다. 중심에 비추었을 때 이미지, 소리, 노래, 시 등으로 표출되는 정보를 어떻게 사유의 주제와 연관시키느냐가 사유하는 사람의 재능이며 기술이다.

그래서 주제에 맞게 정보를 처리할 수 있는 역량을 갖추는 것이 중요하다. 동일한 사유의 주제에 대해 사람마다 표출되는 정보는 다를 수 있지만 사유로써 드러난 이치의 결과는 같다.

> 중심분리가 되지 않으면 사유를 할 수 없다.
> 중심의 표면을 열어 놓는 것은 일체생명과 통하기 위함이요,
> 안으로 이면을 세우는 것은 자성의 공함을 보기 위해서다.

ㅈ. 의문에 대한 결론이 드러나면 반드시 검증하라.

사유를 통해서 드러난 결론은 자기 의식체계를 이루는 근거가 된다. 다른 표현으로 하면, 자기 사상이 된다. 스스로가 확립한 사상의 검증은 또 다른 사상을 가진 사람과 교류함으로써 이루어진다.

교류를 통해 호응을 얻는다면 바른 결론이고 그렇지 못하다면 그릇된 결론이다. 그러나 월등하게 진보된 결론은 호응 받지 못할 수도 있다. 그럴 때는 그것의 올바름을 드러내는 것이 쉽지 않다. 인간 이상의 존재와 교류하거나 자신의 사상체계와 다른 사상체계를 비교함으로써 확신을 얻게 된다.

내가 나를 믿을 수 있는 근거, 즉 내가 나의 세계를 믿을 수 있는 근거는 무엇인가?

성취를 통해 자신을 믿을 수 있는 바탕이 세워지고, 내가 나를 믿을 수 있을 때 나의 세계가 세워진다. 이러할 때 내

안에서 나는 절대자요, 군주가 된다. 그렇게 되면 화합하고 융화할 수 있는 힘을 갖게 된다. 자기 세계를 갖춘 자, 진보된 가치를 창출할 수 있는 자만이 권능을 행사할 수 있고, 창조를 행할 수 있고, 호응 받을 수 있다.

사유의 수행을 통해 내 속에 천지만물이 깃들게 할 수도 있고, 내 속에 내재된 천지만물의 성품을 드러나게도 할 수 있다. 심화가 표출되기 이전부터 각각의 선정에 맞는 사유를 행할 수가 있다. 그런 과정을 통해 철벽이 형성되기 전에 부분적인 상의식을 발현시켜 놓으면 심화를 형성한 이후에 아주 폭넓은 사유를 행할 수가 있다.

심화가 표출되어서 황정이 형성되기 전까지 대장, 소장 등 아래쪽 장부의 순화가 일어날 때, 고통이 심하지 않은 경우라면 심화를 활용하여 충분한 사유를 해보는 것이 좋다.

심화가 사용되면 질문을 던지는 순간 답이 나오므로 이 시기의 사유는 마치 만 권의 경전을 읽는 것과도 같은 효과를 가져다 준다. 단순한 사람이 오히려 깊은 사유를 할 수가 있다.

사유를 통해 드러난 이치는 개념이 되어야 한다. 그래서 여러 생명과 공유할 수 있어야 한다.

나와 상대와의 관계는 어떻게 설정되는가?

상대와의 관계는 인과로 맺어진다.

인과는 또 다른 누군가가 정해 주는 것이 아니고

교류의 방법과 목적에 따라서 정해진다.

그러면 어떻게 선택에서 벗어나는가?

어떻게 자기 업식에서 벗어나는가?

어떻게 상대와의 인과에서 벗어나는가?

이 세 가지 도리를 안다면 현상계에서 자유자재하며 살 것이다.

승찬대사(僧璨大師)의 『신심명(信心銘)』을 살펴보면 '지도무난(至道無難) 유혐간택(唯嫌揀擇)'이란 구절이 나온다. '지극한 도를 이루는 것은 어렵지 않나니, 다만 간택함을 꺼릴 뿐이다.'라는 뜻으로 이것은 중관(中觀)의 중요성을 강조한 말이다.

하면 어떻게 선택함의 기로에서 벗어나는가?

중심으로 비추어서 벗어난다. 중심으로 비추는 것이 익숙한 사람은 분별로써 경계를 대하지 않는다. 중심으로 비추어서 드러난 것을 토대로 경계를 대한다.

그러면 어떻게 스스로의 업장에서 벗어나는가?

중심으로 비추는 것만으로는 업장에서 벗어나지 못한다. 자기 본성을 인식함으로써 업장에서 벗어날 수 있다. 이것이 곧 금강해탈이다.

상대와의 인과에서 벗어나려면 어떻게 해야 하는가?

조화를 실현함으로써 벗어난다. 그러기 위해서는 우선 교류적 관점에서 상대와의 관계를 볼 줄 알아야 한다.

삶에 자유로움을 원하는 자, 길들여지고 얽매인 것에서 벗어나려면

- 중심으로 비추어서 선택에서 벗어나고,
- 본성에 입각해서 업장에서 벗어나고,
- 교류적 관점에서 조화를 이룸으로써 인과에서 벗어난다.

이렇게 산다면 그 속에 살면서도 자유로울 수 있다.

② 자기 존재목적을 설정하기 위한 사유

자기 존재목적은 세상 속에서의 자기 역할이다.

뚜렷한 존재목적을 갖고 있는 사람은 드물다.

자신만을 위한 역할을 놓고 세상과 나의 관계를 생각해 보면 세상과 나는 너무나도 동떨어져 있다. 그런 상태에서는 세상도 그저 성취의 대상일 뿐이다. '나'만을 위한 존재목적

을 설정하려고 생각하면, 이것저것 여러 가지 궁리가 일어나지만 실상은 난감하고 막막하다. '무엇을 하고 살아야 하나?', '······.'

그러나 '나의 그 무엇'이 아니고 '세상의 그 무엇'으로 관점을 달리하면, 존재목적을 설정하는 것이 어렵지 않다. '세상을 위해 나는 어떤 역할을 할 것인가?', '천지만물을 위해 나는 어떤 역할을 할 것인가?'를 가지고 존재목적을 설정하고자 하면 너무나도 많은 일들이 있다.

그럼 그 구체적인 방법을 알아보자.

ㄱ. 대의적 명분을 세워라.

대의적 명분이란 스스로가 존재목적을 설정하는 기준이 되지 않고 세상이나 천지만물, 또는 그 밖의 대상을 기준으로 삼는 것을 말한다. 이때 그 밖의 대상이란 시대, 민족, 국가, 조직 등이 될 수 있다.

대의적 명분을 갖고 산다는 것은 쉬운 일이 아니다. 자기(自己)라는 고정된 틀에서 벗어나서 대의적 명분에 입각한 존재목적을 설정하는 것은 그 사람이 갖고 있는 그릇, 성장해 온 환경, 교육받은 여건과 상관이 있다. 이 세 가지 중 어느 하나를 통해서라도 대의적 명분을 갖출 수 있다면 그것은 더없이 다행한 일이다.

 군주나 임금이 백성을 생각하듯이, 또는 부모가 자식을 생각하듯이 세상을 바라볼 수 있는 눈이 필요하다. 세상과 나는 무관하거나 단절된 것이 아니고 부모와 자식처럼, 임금과 백성처럼 끊을래야 끊을 수 없는 인연으로 얽혀 있다.

 '세상이 아름다워지는데 어떤 역할을 할 것인가?'

 성인(聖人)은 이런 관점으로 세상을 보기 때문에 수많은 생명들로부터 호응을 받는다.

 자기 존재목적을 설정하기 위해 가장 먼저 해야 할 일이 대의적 명분을 찾는 일이다. 대의적 명분에 입각해서 사는 사람을 대인(大人)이라 하고, 자기 이익만을 위해 사는 사람을 소인(小人)이라고 한다.

 젊었을 때는 그저 자기 만족만을 위해 살아가느라 대의적 명분을 갖추기가 어렵다. 그러다가 나이가 들면 그때서야 세상을 관조하게 된다. 이만큼 물러서서 세상을 바라보게 되면, 그때 비로소 의욕이 생긴다.

 '이 세상을 위해 내가 뭘 해야 할까?' 그런 의욕이 태산처럼 일어난다. 하지만 이미 몸은 늙고 정신은 쇠한 다음이라, '젊었을 때 이런 마음을 가졌으면 이 세상을 품고도 남았으련만…….' 이런 생각들을 한다.

예전에 할머니들한테도 '세상을 아름답게 하는데 어떤 역할을 할 것인가? 그것을 한번 생각해 보세요.' 했더니 그 다음날부터 활기가 넘치고 의욕이 살아나서 한참 동안 즐거워했던 적이 있다. '내가 세상을 아름답게 하는데 어떤 역할을 할 수 있겠다.' 이런 희망을 가지니까 마음이 소녀처럼 바뀐다는 것이다.

누구에게나 다 이런 소망이 있고 자기를 대의적으로 실현해 보고자 하는 마음이 있다. 하지만 그 방법을 알지 못해서 답답하게 갇혀 있다.

우리가 세상을 살면서 배운 것이 잘먹고 잘사는 법뿐이기 때문에 나도 모르게 그것에 휩쓸려서 사는 것이다. '이끌려 살고 싶은가?', '이끌어가면서 살고 싶은가?' 이렇게 물어보면 누구라도 세상을 이끌어가며 살고 싶다고 대답한다. 하지만 스스로가 세상을 품지 못하고, 세상과 단절되어 있으면 세상을 이끌어가면서 살 수가 없다.

대의적 명분을 세우는 것은 이끌어가는 삶의 시작이다. 나와 세상, 나와 시대, 나와 민족, 나와 국가가 단절되지 않고 연결되도록 하는 시작이다.

가만히 있어서는 저절로 나와 세상이 연결되지는 않는다. 내가 세상에 접근해 가고, 내가 시대에 접근해 가야만 세상과 나는 연결된다.

『금강경』에 보면 대승정종분(大乘正宗分)에 다음과 같은 구절이 나온다.

'안으로 나의 습성을 제도하고, 밖으로 일체 경계를 낱낱이 제도하겠다.'

이것은 안으로는 스스로의 원만함을 구하고, 밖으로는 세상의 원만함을 위해 노력하겠다는 자기 입지이다. 이것이 바로 대의적 명분이다.

아무리 많이 배우고 익혀도 그것을 대의적 명분에 입각해서 쓰지 못한다면 그 배움은 가치가 없다. 한 가지 일이라도 세상을 이롭게 하는 일이라면 그것이 바로 가치있는 일이다. 그 일을 하면서 세상이 이로워진다고 생각한다면 '직업이 천하다', '남보다 부족하다'는 생각을 하지 않는다.

남에게 이로움을 주고 자기 가치에 대해 만족하는 사람은 자기 자신의 자기장도 튼튼해지고 면역성도 강화된다. 똑같은 삶을 살면서도 세상을 아름답게 하는데 어떤 역할을 하고 있다는 생각을 하게 되면 삶의 질도 그만큼 달라진다.

대의적 명분이 세워졌다면 자기 역할을 설정하기 위해 다음의 과정을 필요로 한다.

ㄴ. 배움[9]을 통해서 안목을 키워라.

이때 갖추어진 안목은 자기 존재목적을 실현하기 위한 방향을 설정하는데 쓰여진다.

ㄷ. 자기 활용의 척도를 갖추어라.

자기 활용의 척도는 지식일 수도 있고, 재능일 수도 있으며, 기술일 수도 있다. 출가한 사문이라면 법을 갖추고 깨달음을 얻어서 자기 활용의 척도를 갖춘다.

ㄹ. 자기 역량을 개발하라.

자기 역량이란 색의식의 역량, 수의식의 역량, 상의식의 역량, 행의식의 역량(조화성), 식의식의 역량을 말한다. 자기 역량을 갖추기 위해서는 중심의 세움, 근본의 인식, 각성의 증득, 자기제도, 교류성의 확보 등이 필요하다.

이런 조건이 갖추어짐으로써 얻어지는 지식이나 기술, 재능, 법들은 일상적인 차원을 벗어난 비범한 것이다. 때문에 그 법을 얻는 것이 자기 역량을 개발할 수 있는 최대의 관건이다.

---

9) 배움 : 천지만물과의 교류를 통해서 천지만물의 면모를 스스로가 갖추는 것.

색수상행식(色受想行識), 오온(五蘊)의 관점에서 자기 역량을 개발할 수 있도록 이끌어 줄 수 있는 인연을 만나는 것도 참으로 어려운 일이다.

ㅁ. 자기 활용의 척도가 갖춰지고 역량이 개발되면, 참여하라.

'참여(參與)'란, 자기 실현의 장(場)을 만들어서 세상과 나를 서로 연결하는 것이다. 자기 실현의 장을 갖지 못한다는 것은 내가 나 스스로를 세상에서 소외시키는 것이다. 자기 실현의 장을 만들지 못하는 것은 용기가 없어서가 아니라 나태하고 편협되어 있기 때문이다.

역량이 커질수록 실현의 장도 커진다.

ㅂ. 호응을 얻어라.

상대의 호응을 얻기 위해서는 먼저 고요함을 갖춰야 한다. 그래서 상대의 안식처가 되어 주어야 한다. 이것을 '덕(德)'이라고 한다.

깊은 안정은 주변의 흐름이 나에게로 향해지도록 한다. 내가 편안하고 그 편안함을 상대가 느끼게 되면 상대는 저절로 나를 믿고 의지하게 된다.

그런 다음 진보된 가치를 창출하여 상대를 이롭게 한다. 이때는 겸허함을 잃지 않아야 한다. 그래야 호응받을 수 있다.

뭇 생명의 호응을 얻었을 때 비로소 존재목적을 실현했다고 할 수 있다.

ㅅ. 성취한 것에 대해서 머물지 말라.

성취한 것에 대해 상을 갖지 않아야 한다.

성취의 결과로 얻은 돈, 명예, 권력뿐 아니라 도(道)에 대해서도 마찬가지이다. 호응을 얻어 조화를 이룬 후에도 자기상(相)을 갖지 말아야 한다. 그리고 더 넓게 자기를 실현할 수 있는 장을 찾아야 한다. 인간 세상에서 만족할 만큼의 성취를 이루었다면 더 넓은 세상에서 더 큰 성취를 이루기 위한 노력을 해야 한다.

존재목적을 성취하되 그것에 얽매여서 자기제도나, 면모의 개발 등 나머지 일곱 진로의 수행을 소홀히 하지 말아야 한다.

때를 알아서 능히 그 시기를 놓치지 않고 행하는 것이 바로 지혜로운 자의 처세이다. 아울러 함께 하는 자의 어려움도 저버리지 말아야 한다. 조금 늦더라도 조급해 하지 말고 함께 갈 수 있도록 해야 한다.

③ 상대의 존재목적을 알기 위한 사유

존재목적에는 일시적인 존재목적과 본연적인 존재목적이 있다.

일시적인 존재목적은 처해진 상황에 입각한 존재목적이다. 학생으로서 학교 공부에 충실한 것과 장사꾼이 이익에 충실하는 것이 바로 일시적인 존재목적에 충실하는 것이다. 일시적 존재목적에 충실할 때 자기 활용의 척도가 갖추어진다.

본연적인 존재목적은 한 생(生) 또는 여러 생에 걸쳐 스스로가 궁극적으로 추구해 온 존재목적을 말한다. 대의적 명분이 뚜렷한 사람이라면 스스로의 삶의 방향을 본연적 존재목적에 입각해서 설정한다.

그런 사람은 자기보다는 상대를 먼저 배려한다. 자기 이익이 없어도 상대가 이로울 수 있으면 능히 일을 행하고 작은 이익을 따지지 않는다.

상대의 존재목적을 알기 위한 사유에 있어 필요한 조건은 두 가지가 있다.

첫 번째는 상대와 의식의 일치를 이룰 수 있는 수(受)적인 역량을 갖추는 것이다.

　두 번째는 사상적 교류를 행할 줄 아는 것이다.

　상대의 존재목적을 알기 위한 사유의 방법은 다음과 같다.

　ㄱ. 중심을 세운다.

　ㄴ. 중심을 통해 상대와 의식의 일치를 이룬다.

　그리고 다시 중심으로 비추어서 다음과 같은 과정들을 행한다.

　― 상대가 갖고 있는 현재의 의식상태를 살핀다.

　상대가 고요한가, 외로운가 등의 의식성향과 몸의 상태를 본다.

　― 상대와 자기간에 인과적 관계를 볼 줄 알아야 한다.

　긍정적인 인과인지, 부정적인 인과인지, 전생에 어떤 인연이 있었는지를 본다.

　― 상대가 갖고 있는 일시적인 존재목적이 무엇인지를 알아본다.

　상대가 무엇을 원하고 어떤 도움을 필요로 하는지를 알아야 한다.

　지금까지의 과정이 원만히 이루어졌다면 의식의 일치를

이루는데 충실했다고 할 수 있다.

ㄷ. 상대와 사상적 교류를 행한다.

상대의 존재목적을 알려면 상대의 사상이 어떠한지를 볼 줄 알아야 한다. 사상을 이루는 근거는 생명론(生命論), 존재론(存在論), 가치론(價値論)이다.

상대가 갖고 있는 생명론을 알려면 상대가 생명의 근본과 면모를 어떤 관점으로 보는가에 대해 알아야 한다. '생명의 근본을 하느님으로 보는가, 아니면 공(空), 무극(無極), 자연발생으로 보는가?', '생명의 면모를 안이비설신의(眼耳鼻舌身意)만으로 국한하는가?', 아니면 그 이상으로 '수의식, 상의식, 행의식, 식의식까지도 포함하는가?' 이런 부분에 대해 명확하게 파악할 수 있어야 한다.

상대가 갖고 있는 존재론을 알려면 존재간의 교류 방식이 어떠한지를 알아야 한다. '경쟁이나 투쟁을 통해 삶을 성취하는가?', '조화를 통해 삶을 성취하는가?' 이것에 대한 상대의 성향을 명확하게 파악해야 한다.

상대의 가치론에 대해 알려면 삶의 가치를 어디에다 두는가에 대해 알아야 한다. '돈, 명예, 권력에 두는가?', 아니면 '조화의 성취나 깨달음에 두는가?' 이것을 명확하게 파악해야 한다.

　상대의 사상성은 상대와의 대화를 통해서도 알 수 있고, 중심으로도 알 수 있으며, 사유의 역량이 커지고 근본에 대한 인식력이 커지면 직관(直觀)으로도 알 수 있다. 하지만 무엇보다도 스스로가 뚜렷한 사상을 갖추어서 사상적 교류를 통해 아는 것이 가장 정확하다.

　ㄹ. 사상적 교류를 행하려면 먼저 스스로가 뚜렷한 사상을 갖추어야 한다.
　그리고 자신의 사상에 편협되어 있지 않아야 한다.
　상대의 사상을 인정하지 않고 비판만 하려고 하면 변견(邊見)에 빠져서 상대의 존재목적을 보는 것에 충실할 수 없다. 상대의 존재목적을 아는 것은 자기 사상의 진보와 자기 실현의 장을 넓히기 위함이다.
　아무리 지고한 사상을 갖고 있어도 평범한 사람이 갖고 있는 삶에 대한 주관들을 도외시하지 말아야 한다. 상대의 관점에서 인정해 주고 함께 할 수 있는 마음을 가져야 한다.
　뚜렷한 사상을 갖지 못한 사람은 허다하다. 주관적 사상을 갖추지 못한 대부분의 사람들은 시대를 이끌어가는 중심사상에 휩쓸려 떠밀리듯 살아간다. 그러니 뚜렷한 사상을 갖고 사는 사람을 만나기도 어렵다.

사상적 관점으로 시대를 보게 되면 능히 시대의 부족함과 두드러진 점을 알 수 있고, 사상적 관점에서 역사를 보게 되면 능히 역사의 허물을 볼 수 있다.

사상적 관점에서 상대를 보면 상대가 갖고 있는 부족함과 원만함을 함께 볼 수 있다.

④ 조화를 성취하기 위한 사유

ㄱ. 나와 상대, 주변상황과의 관계를 표면적 관점, 인과적 관점, 교류적 관점, 조화적 관점에서 인식한다.

먼저 나와 상대를 놓고서 표면적으로 드러난 관계를 인식한다. 그런 다음에 인과적 관계를 알아본다. 일선정에서의 인과와 이선정에서의 인과를 알아본다. 인과가 드러나면, 이제 교류적 관점에서 상대와의 관계를 어떻게 설정해야 하는가를 알아본다. 그런 다음에 어떻게 조화를 도모할 것인가를 생각한다.

이렇듯 조화적 관점을 알려면 표면적 관점, 인과적 관점, 교류적 관점을 함께 볼 수 있어야 한다.

ㄴ. 통치(統治)적 관점과 경영적 관점을 확보한다.

ⓐ 통치적 관점

통치에서 통(統)은 '통한다', '하나로 연결한다'는 뜻이다. 치(治)는 '모든 생명이 평등하게 삶을 실현할 수 있는 조건을 만든다'라는 뜻이다.

'세상이 지닌 부족함을 어떻게 서로 연결해서 채워 줄 것인가?' 또는 '고금(古今)을 연결하고, 단절된 세상을 서로 연결해서 모든 생명이 평등하게 삶을 실현할 수 있는 세상을 어떻게 하면 만들 수 있겠는가?' 이것이 바로 통치적 관점으로 세상을 보는 것이다. 통치가 실현되지 않으면 조화는 이루어지지 않는다.

ⓑ 군주(君主)와 백성의 차이

백성은 자기 이익을 도모하지만 군주는 나라의 이익을 도모한다. 나라의 이익이란 소수의 이익이 아니라 전체의 이익이다. 백성과 백성이, 지역과 지역이 반목하지 않고 연결되고, 필요한 곳에 쓰여져서 소외되거나 단절된 것이 없을 때 나라의 이익이 실현된 것이다.

조직 안에서 소외되는 사람이 없어서 서로가 단절됨이 없이 균등한 입장에서 교류할 수 있도록 하여 서로의 부족함이 메꾸어지면 조화를 실현할 수 있다.

이런 역할을 하는 자가 바로 군주다. 수행자는 군주의 눈으로 세상을 보고 천지만물을 백성과 같이 볼 수 있어야 한다.

'군(君)' 즉, '자애(慈愛)'다. '자(慈)'는 내 자식을 보듯이 천지만물을 보는 것이고, '애(愛)'는 사랑하는 사람을 그리워하듯 천지만물을 그리워하는 것이다. 자애가 없는 이는 군주가 아니며 통치자가 될 수 없다.

통치적 관점으로 세상을 보는 것은 쉬운 일이 아니다. 그러므로 어릴 때부터 통치적 관점으로 세상을 볼 수 있는 교육을 받아야 한다. 스스로 군주라는 의식이 없이 자연스럽게 통치적 관점의 사고가 몸에 배여서 그것을 행할 줄 알아야 통치자로서의 상(相)에 빠지지 않는다.

ⓒ 경영적 관점

경영적 관점은 상대에게 이로움을 줄 수 있는 관점을 확보하는 것을 말한다.

ⓓ 경영의 목적

ㅇ 경영의 첫째 목적은 이익의 창출이다.

이익의 창출을 통해 생계의 수단을 제공함으로써 구성원에게 이로움을 준다. 이때는 내가 이롭기를 바라지 말고 어떤 경우에도 상대를 먼저 이롭게 해야 한다. 통치적 관점을 확보하지 못한 상태에서 경영적 관점으로만 나라를 경영하면 백성들이 서로 자신의 이익만을 추구하기 때문에 분쟁이 끊이질 않는다.

따라서 경영적 관점에서 구성원에게 이로움을 주는 것은 먼저 통치적 관점이 확보된 상태에서 이루어져야 한다. 그래야만 서로가 연결되고 교류가 원활하게 이루어져서 신뢰할 수 있는 상태가 된다.

○ 경영의 두 번째 목적은 더 넓은 삶을 실현할 수 있는 장을 제공하는 것이다.

개인으로서 실현할 수 있는 삶의 범위는 한정되어 있다. 그러나 개인이 조직에 속해서 조직의 한 구성원으로서 자기실현을 이루고자 하면 훨씬 더 넓게 자기를 펼칠 수 있다. 개인의 힘만으로 실현될 수 없는 삶을 교류를 통해 실현할 수 있도록 해주는 것, 이것이 바로 경영이다.

단절된 것을 이어서 연결시킴은 통치적 관점이요, 더 큰 삶을 실현할 수 있는 장을 만들어 주는 것은 경영적 관점이다. 이 두 관점이 확보되면 조화가 이루어진다.

상대와의 교류를 통해 이익을 줄 때는 경제적인 이익을 주는 데에만 머물러서는 안 된다. 더 나아가서 문화적으로 향유할 수 있도록 해주어야 한다. 개인이 기술이나 재능을 발휘하여 자기 가치를 느끼도록 해주고, 역량이 모자란다면 기술이나 재능을 키울 수 있는 여건을 마련해 주어야 한다.

경제적 이익은 무한하게 창출하지 못하는 한계가 있다. 그렇기 때문에 상대에게 이익을 줄 때는 경제적으로만 주려고 해서는 안 된다. 진보된 문화를 향유할 수 있는 조건을 더불어서 부여해 주어야 한다. 그것의 시작은 배움의 장을 열어주는 것이다.

조직체계 내에서는 필연적으로 계층이 생길 수밖에 없다. 만약 계층간에 반목이 심해지면 조직의 기반이 흔들리게 된다.

통치적 관점으로 계층간의 벽을 허물었다 하더라도 신분의 차이는 메꾸어지지 않는다. 하지만 문화의 공유를 통해 그런 차이를 극복할 수 있다.

문화생활 속에서는 개개인이 갖고 있는 재능과 기술에 따라 그 위치가 정해지기 때문에 조직생활 속에서 형성된 신분의 격차가 저절로 상쇄된다. 때문에 그런 조건 속에서는 서로에게 좀더 깊숙하게 다가설 수 있다.

이런 분위기가 조성되면 조직원들간의 화합은 저절로 이루어진다. 훌륭한 경영자는 조직원들이 좀더 진보된 문화를 접할 수 있도록 그 여건을 갖춰 준다.

나와 상대와 주변의 관계는 이해관계이다. 나와 상대와 주변의 관계를 표면적 관점과 인과적 관점, 교류적 관점으로 보고 통치적 관점과 경영적 관점으로 발전시켜 가야 한다.

조화는 멀리서 성취되는 것이 아니다. 지금 이 순간, 바로 이 자리에서 이루는 것이다. 안으로는 중심과 근본에 입각해서 심식의(心識意)가 조화를 이루도록 하고, 밖으로는 존재 목적에 입각해서 나와 상대간의 조화를 성취할 줄 알아야 한다.

이 세상을 통치와 경영의 무대로 삼아서 마음껏 스스로를 펼칠 수 있어야 한다. 그래서 이끌려가지 않고 이끌어가는 삶을 살아야 한다.

올바른 사유를 통해 스스로는 편견이나 관념에서 벗어난다. 또 다른 생명에게는 미혹[10]함에서 벗어날 수 있는 지식을 제공해 준다.

---

10) 미혹 : 현혹됨.

4) 행의식(行意識)

행이란 조화를 말한다. 행의식이란, 완전한 조화를 이룰 수 있는 자기 역량이다.

5. 각성의 증득

四化에서 각성의 일은 일시적 무위각(一時的無爲覺)을 증득하는 것이다. 일시적 무위각은 유상을 통해서 무상을 보는 각성이다.

이때의 유상은 경계 또는 중심이다. 일시적 무위각이 돈독하지 않을 때는 중심을 통해 무상을 보고, 일시적 무위각이 돈독할 때는 경계를 통해 무상을 본다. 한자리에 대한 인식력이 생겼을 때가 견성(見性)한 때이며, 일시적 무위각이 처음 생긴 때이다.

1) 견성(見性)

견성을 각성과 중심과 근본의 관점에서 살펴보자.

먼저 각성의 관점에서 견성은 시각(일시적 무위각)을 얻은 것이다.

중심의 상태를 놓고 보면 견성은, 표면의 텅 빔과 이면의 아무렇지 않음이 계합을 이룬 것이다.

근본을 놓고서 견성은 한자리를 인식한 것이다.

시각을 얻기 전까지는 문 밖의 일이다. 시각을 얻어야 문

안의 일이 시작된다. 보살지(菩薩地)의 관점에서 보면 견성은 해탈지(解脫智)를 얻은 것이다.

해탈지를 얻더라도 암마라식(唵摩羅識)을 얻어서 여래장(如來藏)과 연결될 수 있어야 비로소 초지보살(初地菩薩)이 된다. 암마라식을 얻게 되면 생명의 본원인 여래장과 연결될 수 있는 역량을 갖게 된다.

해탈지를 얻은 후에라야 유상의 모든 걸림에서 벗어날 수 있고, 해탈지를 얻어야 자기 업보와 업장을 제도할 수 있다. 자기 근본을 드러내서 근본으로 업장을 비추어야 업장이 제도된다. 따라서 해탈지를 얻지 못하고서는 업장의 제도가 완전하게 이루어지지 않는다.

〈이 과정에 있어서 근본의 일〉

사선정(四禪定)에서는 자기제도를 통해 황정이 형성된다.

이때는 조견의 주체가 황정이다. 황정의 상태(유상)를 지켜보면서 황정의 변화에 관여되지 않는 한자리를 지켜가면 시각이 쓰여지는 것이다.

황정이 형성되면 꼬리뼈에 자극이 오면서 꼬리뼈에 내장된 업식이 표출된다. 이때 드러나는 현상들을 황정으로 비추어서 녹이고 황정에서 일어나는 모든 변화에 대해 한자리를 지켜간다.

움직이는 것 속에서 움직이지 않는 것을 보는 것을 『금강삼매경(金剛三昧經)』에서는 '무생선(無生禪)'이라 한다. '선(禪)'은 움직이는 것이고, '무생(無生)'은 아무렇지 않은 것이다.

사선정에서 무생선이란, 황정에서 일어나는 모든 변화에 아무렇지 않은 한자리를 지켜가는 것이다. 이때 황정에서 일어나는 변화들은 다음과 같다.

마치 이글이글 용광로처럼 타오르는 열기, 때때로 찾아오는 편안함, 꼬리뼈의 업식이 자극되면서 오는 경계들, 욕정, 투쟁심 등등…….

이 모든 움직임들에 관여되지 않는 한자리를 지켜가는 것이 바로 무생선이다.

삼선정까지는 관의 주체가 중심이며, 중심으로 근본을 비추어서 한자리를 지켜간다. 즉, 중심의 변화를 놓고서 그 변화에 대해 아무렇지 않은 이면을 본다.

처음 사선정에 들었을 때는 황정이 관(觀)의 주체가 되지만, 나중 사선정이 깊어지면 관의 주체가 한자리가 된다. 이때부터는 한자리가 주체가 되어서 황정의 변화와 꼬리뼈의 변화를 살핀다. 사선정에서 한자리가 관의 주체가 되면 무생법인(無生法忍)[11]을 얻은 것이다.

2) 심화(心火)의 확장

시각(時覺)을 얻은 자는 자기 안의 본성을 보는 것에만 머무르지 말고 심화를 확장시켜서 쓸 수 있어야 한다. 그러기 위해서는 또 다른 생명의 호응을 통해 자기 심화와 그 생명의 근본이 서로 통하도록 해야 한다.

그 과정에 충실하면 여래장(如來藏)과 교류할 수 있는 역량이 갖춰진다. 그렇지 못하면 아공(我空)은 얻되 법공(法空)은 얻지 못한다.

시각을 얻었을 때를 일러 '돈오(頓悟)했다'라고 한다. 돈오했더라도 거기에 머물지 않아야 한다. 이후에도 끝없이 배우고자 하는 마음을 놓지 않고 돈수(頓修)해야 한다. 돈수(頓修)란 시각을 통해 비추는 것, 한자리에 입각해서 닦는 것, 공(空)에 입각해서 닦는 것이다.

돈오(頓悟)한 이후에도 자기제도는 끝없이 행해져야 한다. 본각으로 인식의 전환을 이루었다 해도, 그 상태에서도

---

11) 무생법인(無生法忍) : 남이 없는 법을 얻었다는 말. 해탈, 열반과 같은 의미임.

자기제도가 이루어져야 한다.

자기제도의 범위는 교류의 폭을 결정한다. 자기제도가 이루어진 범위만큼 교류의 역량이 갖춰지고 그것을 바탕으로 뭇 생명들의 호응을 얻게 된다.

자기제도가 이루어지면서 우주(宇宙)라는 거시적 세계와 세포단위, 분자단위, 원자단위의 미시적 세계를 함께 볼 수 있는 역량이 생긴다.

6. 교류성의 확보

四化에서의 교류는 상의식의 발현이 완전하게 이루어져서 행해진다. 이때는 교류적 관점에 입각한 교류가 완전하게 이루어지고 조화적 관점에 입각한 교류가 부분적으로 이루어진다.

조화적 관점에 입각한 교류가 완전해지려면 생식호르몬이 생체에너지로 전환되어 오기(五氣)의 조화가 이루어져야 한다.

여기서 말하는 오기는 후천기(後天氣), 선천기(先天氣), 심화(心火), 신화(腎火), 생체에너지이다. 오기의 조화가 이루어지지 않으면 안의 조화가 이루어지지 않고, 안의 조화가 이루어지지 않으면 밖의 조화 또한 이룰 수 없다.

1) 생식호르몬

정(精)이라고도 하며 그 자체로 하나의 생명이다. 채약이나 꼬리뼈 순화의 과정에서 성선신경총(性腺神經叢)이 자극되면, 생식호르몬의 성향이 가장 극명하게 드러난다. 생식호르몬이 형성되기까지는 보통 180일 정도의 시간이 걸린다.

그 기간 동안 행동하고 생각했던 성향들이 그대로 정(精) 속에 저장된다. 180일이 지나서 완전히 성숙된 정은 독자적인 생명으로서 자유의지를 갖게 되고, 그로써 몸에서 분리되고자 한다.

 몸에서 벗어나고자 하는 정의 습성에 이성에 대한 갈망이 더해지면 욕정(欲情)이 일어난다. 따라서 정이 생체에너지로 전환되지 못하면 갈애(渴愛)가 멈추지 않는다. 갈애는 그리움과 외로움이 수반된 대상적 추구이다. 그렇게 갈애가 멈추지 않으면 욕정이 쉬어지지 못한다. 이렇게 되면 안의 조화가 성취되지 않고 밖의 조화 또한 이루어지지 못한다.

 적어도 세 번 이상 채약을 해서 모든 생식호르몬이 생체에너지로 전환되어 정(精)이 더 이상 생성되지 않아야 갈애의 뿌리가 뽑힌다. 생명이 갖고 있는 막연한 그리움이나 채워지지 않는 외로움은 자기 본성과 친해지는 것으로 어느 정도 극복할 수 있다. 하지만 그 뿌리는 모든 정이 생체에너지로 전환되어서 더 이상 생성되지 않아야 끊을 수 있다.

 자기 안의 본성을 인식했더라도 자기제도라는 보임(保任)의 과정이 반드시 필요하다. 시각을 증득하고 깨달았으니 끝이라고 생각하는 것은 공부에 대한 이해가 부족하기 때문이다. 생식호르몬을 생체에너지로 변환하는 과정은 五化에서 다뤄진다.

2) 교류적 관점에 입각한 교류

교류적 관점에 입각한 교류는 사유가 바탕이 되어서 행해지는 교류이다. 때문에 사유하는 역량에 따라 교류의 폭이 결정된다. 교류적 관점에 입각한 교류는 교류의 대상에 따라 존재목적에 입각한 교류와 사상적 관점에 입각한 교류로 나뉜다.

존재목적에 입각한 교류는 상대의 존재목적을 알고 나의 존재목적이 명확한 상태에서 이루어지는 교류이다. 스스로가 얼마만큼의 이치를 타파했느냐에 따라 일시적인 존재목적과 본연적인 존재목적에 입각한 교류의 폭이 정해진다.

사상적 관점에 입각한 교류는 스스로가 어떤 사상을 정립하고 있는가에 따라 교류의 방식이 달라진다. 자신의 사상에 대한 상(相)이나 치우침이 없다면 시대와 사상을 초월한 무한교류가 이루어질 수 있지만, 그렇지 않으면 스스로에게 편협되어 협소한 교류가 이루어진다.

사상적 교류를 할 수 있으면 시대를 볼 수 있는 안목이 생긴다. 사상적 관점에서 시대의 변화를 관찰하고, 또 역사를 바라볼 수 있게 된다.

이렇게 되면 능히 시대의 옳고 그름을 판단할 수 있고, 역사를 객관적으로 평가할 수 있다. 그러니 고금(古今)의 성현을 놓고 그들의 사상을 평가할 수 있고 능히 시대를 경영할 수도 있다.

무엇을 통해서 시대와 교류하는가?

무엇을 내세워서 시대가 가진 존재목적을 판단하고 그 존재목적과 나의 존재목적이 서로 부딪치지 않고 조화로운 관계가 되도록 하겠는가?

이것은 더 큰 조화를 성취하기 위해서 반드시 갖춰야 할 마음이다. 또, 자기 교류의 장(場)을 넓히기 위해서도 갖춰야 할 마음이다.

3) 우리의 현실

시대를 보는 눈을 갖지 못한 사람이 통치를 하게 되면 시대를 구성하고 있는 구성원들이 분열되고 단절된다. 통치적 관점에서 시대를 바라보지 못하고 좁은 안목으로 시대를 보게 되면 큰 흐름을 경영하지 못하고 작은 일에만 매달려 있게 된다.

시대를 경영적 관점에서 바라볼려면, 먼저 지금의 시대를 이끌어가는 중심사상이 무엇인지를 알고 그 사상이 갖고 있는 수용적 역량을 파악할 수 있어야 한다. 사상이 갖고 있는 수용성은 얼마만큼의 문화로 다양하게 창출되는가를 보면 알 수 있다. 이는 그 시대를 구성하고 있는 구성원들이 그 사상에 대해 긍정적인가 부정적인가를 알 수 있는 하나의 척도가 된다.

만약 부정적으로 시대의 사상을 바라보는 사람들이 많아지면 그 시대는 필연적으로 혼란에 빠지게 된다. 때문에 시대의 사상을 긍정적으로 바라볼 수 있는 여건을 조성해 주는 것이 중요하다. 통치자(統治者)가 시대를 원활하게 경영하려면 반드시 이런 관점으로 시대를 바라볼 수 있어야 된다.

시대의 사상이 다양한 문화로 창출되면 시대를 구성하는 구성원들은 그 문화를 통해 삶의 질을 높여가게 되고, 그에 따라서 화합과 융화가 저절로 이루어진다. 다양한 문화로 재창출될 수 있는 사상은 살아 있는 사상이고 그렇지 못한 사상은 죽은 사상이다.

한 나라를 효율적으로 경영하려면 먼저 그 나라의 존재목적을 세워야 한다. 그런 다음에 다른 나라의 존재목적을 파악해서 존재목적을 놓고 어떻게 교류할 것인가를 설정해야 한다.

하지만 우리 나라는 국가로서의 존재목적이 없다. 그러니 주변 국가가 갖고 있는 존재목적을 어떻게 알 수 있겠는가?

안으로는 국민들이 평등하게 삶을 실현할 수 있는 조건을 갖춰 주고, 밖으로는 또 다른 국가와 평등한 교류를 할 수 있는 조건을 갖추어야 하는데, 이런 것들이 전혀 이루어지지 않고 있다. 그렇기 때문에 주변국가의 눈치를 보고 힘의 논리에 따라 이랬다 저랬다 하는 비참한 교류를 하고 있다. 그러니 국가의 경영이나 통치가 제대로 되겠는가? 우리의 현실이 이와 같다.

올바른 정치나 통치를 하려면 먼저 국가로서의 존재목적을 뚜렷하게 설정해야 한다. 그리고 그 존재목적을 통해서 국민들간에 화합을 이끌어내야 한다.

시대를 통찰할 수 있는 안목은 사상적 관점에 입각한 교류를 행할 수 있어야 갖출 수 있다. 자기 나름대로 뚜렷한 사상을 갖고 있는 사람이 그것을 바탕으로 남에게 이로움을 주겠다고 한다면 그야말로 큰 이로움을 줄 수 있다.

반면에 사리사욕을 채우려고 한다면 큰 해악(害惡)을 끼

치게 된다.

나(我)라고 하는 작은 틀에 얽매여서 나만을 위해서 산다면 전체 생명과의 연결이 끊어진다. 그렇게 되지 않으려면 전체적인 관점에서 나를 볼 수 있어야 한다. 내가 세상을 보는 것이 아니라 세상이 나를 보는 관점으로 자신을 보아야 한다.

'나는 작은 존재지만 내 안의 세상은 작지 않다. 비록 나의 머리는 틀 지워져 있지만 나의 사상은 무한하다. 능히 천지만물을 양육하고도 남는다.'

이러한 관점으로 살아야 한다. 그러기 위해서는 세상과 내가 단절되지 않았음을 느껴야 한다. 그리고 수많은 생명들로부터 오는 호응을 인식해야 한다.

그래서 자신을 함부로 하지 않고 가볍게 처세하지 않아야 한다. 내가 나라는 틀에 묶이고 이기성에 치우쳐서 단절되고 소외된 것이지, 본래 나는 소외된 바가 없다.

> 천지만물이 제각기 다른 형상을 갖고 있으되
> 그 근본은 하나로 연결되어 있나니,

펼쳐서 천지만물이 되고

거두어서 한 생명이 되더라도

그 근본은 본래로 단절된 바가 없구나.

7. 존재목적의 실현

四化에서 존재목적의 실현은 해탈의 도를 행하는 것이다.

아직 안의 조화가 완전하지 않기 때문에 밖의 조화도 완전하게 행하지는 못한다. 하지만 해탈지(解脫智)를 얻은 자로서 해탈도(解脫道)를 행할 수 있다.

해탈도에는 밖의 경계를 제도하는 허공해탈(虛空解脫)과 안의 습성을 제도하는 금강해탈(金剛解脫), 유상에서 무상으로 인식을 전환하는 반야해탈(般若解脫)이 있다. 시각을 얻은 자로서 해탈의 도를 행하는 이는 허공해탈과 금강해탈을 이루면서 반야해탈로 나아간다.

1) 해탈(解脫)

해탈은 법신(法身), 화신(化身), 보신(報身)을 갖추는 것이다. 다른 표현으로 '삼신(三身)이 구족했다'라고 한다.

한 경계를 대할 때, 그 경계가 능히 삼신(三身)을 갖추도록 하는 것이 시각(時覺)을 얻는 자로서 존재목적을 실현하는 방법이다.

> 한 경계도 저버리지 않는다.
>
> 안으로 일어나는 번뇌, 슬픔, 기쁨, 외로움에서부터
>
> 좋고 싫음의 차별조차도…….
>
> 그 어느 것도 저버리지 않는다.
>
> 그것을 경계라고 인식한다면 능히 삼신이 갖추어지도록 하라.

한 경계를 놓고서 삼신(三身)이 갖추어지도록 하는 관점에서 금강해탈과 허공해탈을 살펴보자.

2) 삼신(三身)

삼신은 법신, 화신, 보신을 말한다.

법신(法身)은 청정법신(淸淨法身)이라 하며 근본, 자성을 뜻한다.

어떤 경계를 접해서 경계를 통해 나의 근본을 본다면, 경계에 있어서 법신을 갖춘 것이다. 법신은 경계에 있지 않고 나의 근본 자성에 있다. 이것이 바로 제상(諸相)에서 비상(非相)을 보는 도리이다.

화신(化身)은 천백억화신(千百億化身)이라고 하며, 분별을 여읜 존재가 갖게 되는 식의 틀이다. 화신은 차별을 떠나서 있는 그대로의 모습이 스스로와 일체를 이룰 때 갖추어진다. 화신을 이루려면 경계를 놓고서 좋고, 싫음의 차별이 없어야 한다. 그런 다음에 중심으로 비추어서 경계와 일치를 이루어야 한다.

화신의 경지에서는 내가 곧 경계요, 경계가 곧 나이니, 일체의 경계가 나 아님이 없다. 다른 표현으로, 중심을 통해 경계와 일치를 이루어서 경계의 진면목이 드러나도록 하는 것이 곧 화신이다. 나의 중심은 근본을 여의지 않았나니, 중심을 통해 경계와 일치를 이루면 경계가 곧 부처이다. 일치를 이루어서 차별을 떠난 경지요, 경계가 곧 부처가 된 경지가 바로 화신의 경지이다.

사선정 이전까지는 허공해탈이 이루어지지 않지만, 법신과 화신은 일선정에서도 행할 수 있다.

일선정에서 경계를 접했을 때, 경계에 대해 아무렇지 않은 자리를 본다면 일선정에서 법신을 보는 것이다. 일선정에서는 아직까지 중심분리가 원활하지 않아서 경계와 일치를 이루지는 못한다. 다만 있는 그대로 보면서 경계와 나를 따로 보지 않으면 그것이 바로 화신이다.

이선정의 경우에는 경계와 일치를 이루었기 때문에 일치된 결과에 대해 차별만 여의면 그대로 화신을 이룬다. 이선정에서의 법신은 이면에 의지를 집중함으로써 얻어진다. 즉 일삼매에 들어 있을 때가 법신을 이룬 것이다.

삼선정에서는 철벽이 형성되기 이전에는 화신을 이룰 수 있지만 철벽의 상태에서는 화신을 이룰 수 없다. 삼선정에서의 법신은 한자리를 인식했을 때 이루어진다. 법신과 화신을 이루었다면 경계를 활용적 측면에서 대할 수 있어야 한다. 이것이 바로 보신을 얻는 법이다.

보신(報身)은 모든 경계가 갖고 있는 차별됨을 항상 올바름에 입각해서 활용하는 것을 말한다. 원만함은 있는 그대로의 모습 속에 있는 것이 아니고 활용을 통해서 창출하는 것이다. 활용에는 체용(體用)과 상용(相用)이 있다.

체용은 경계의 법신을 갖추는 것이고, 상용은 경계의 올바름을 드러내는 것이다. 살면서 생기는 수많은 장애들도 제대로 쓰여지기만 하면 그것은 이미 장애가 아니다. 경계를 대할 때 그것이 장애라고 생각하기 때문에 장애가 되는 것이지, 활용적 측면에서 대한다면 경계는 얼마든지 체용과 상용의 척도로 쓰여질 수 있다.

이처럼 한 경계를 놓고서 삼신(三身)이 구족되게 하는 과정 중에서 경계의 제도를 이루는 것은 허공해탈이요, 자기제도를 이루는 것(나를 원만하게 이루는 것)은 금강해탈이다.

3) 삼신(三身)의 실현

스스로가 체득한 선정과 삼매를 법신(法身), 화신(化身), 보신(報身)의 관점으로 쓸 줄 알아야 한다. 그래야 살아 있는 선정이요, 살아 있는 삼매이다. 한 경계를 놓고 명확하게 삼신(三身)의 관점을 확보해야 한다. 그것이 되지 않는다면 한 발짝 더 나아가기 위한 노력을 해야 한다.

법신(法身)을 갖추려면, 자기 근본 자리로 들어가서 근본의 소식을 알아야 한다. 화신(化身)을 갖추려면, 자기 습성이 드러날 때는 그것을 금강해탈로 이끌어가야 하고, 경계와 일치된 바가 드러날 때는 허공해탈로 이끌어가야 한다.
특히 사선정에서 시각을 얻는 자는 '응무소주 이생기심(應無所住而生其心)' 해야 한다. 이는 일체의 제상에서 비상을 봄이며, 일체의 유상에 머무르지 않고 무상으로 나아감이며, 중심이 아닌 근본으로 비추어서 습성의 제도를 행하는 것이다. 일치를 이룸으로써 화신을 이루고, 근본으로 비춤으로써 금강해탈과 허공해탈을 이룬다.

해탈을 이루는데 있어 가장 중요한 것이 바로 '관점의 확보'이다. 특히 원만보신(圓滿保身)을 이루는데 가장 중요한 것이 '관점의 확보'이다. 스스로와 경계는 저절로 원만해지지 않는다. 그것은 과정과 절차를 통해 성취하는 것이다.

경계를 놓고서 원만보신을 이룰 때 가장 먼저 해야 할 일은 교류하는 것이다. 교류하면서 관점을 확보하고 관점을 확보한 이후라야 올바름이 실현된다. 경영자는 능히 원만보신을 이룰 줄 알아야 한다.

> 허공은 능히 천지만물을 다 품고 있지만
> 천지만물은 허공의 은혜를 알지 못한다.
> 허공해탈이란 경계적 관점에 머물지 않고
> 근본적 관점에서 경계를 제도하는 것이다.
> 경계에 마음을 쓰는 것은 천지만물의 일과 같고
> 근본에 마음을 쓰는 것은 허공의 일과 같다.

수행이든 생활이든 항상 보신적 관점에서 마무리를 하여야 한다. 보신적 관점을 지켜간다면 안과 밖이 통하고, 나와 경계가 조화를 이룰 수 있지만 그렇지 못하면 협소한 삶을 살게 된다.

보신이 없는 마무리는 반드시 불화와 장애를 동반하고 부조화를 낳는다.

삼신(三身)을 구족함으로써 해탈도를 이루니 자신이 성취한 각자의 경지에서 '삼신의 도(道)'를 행할 수 있어야 한다. 법신(法身)도 자기 안의 법신이요, 화신도 자기 안의 화신이니, 근본과 중심을 갖춘 자는 반드시 보신을 갖춰야 한다.

4) 허공해탈(虛空解脫)

허공해탈은 시각이 갖추어진 상태에서 행하지만 그 이전에라도 가벼운 경계를 대상으로 허공해탈을 해볼 수 있다. 가벼운 경계를 대상으로 허공해탈을 하다 보면 무거운 경계를 대할 때도 그것이 가능해진다.

허공해탈을 이루는 방법은 다음과 같다.

① 시각을 갖춘 상태에서 중심을 세운다.

② 경계를 중심에 비춘다.

일치를 통해 경계의 의식이 인지되면 이때 허공해탈로 나아가고 자기 습성이 드러나면 금강해탈로 나아간다.

경계의 의식인지, 자기 습성인지를 구분할 수 있으려면 미세적 유위각을 돈독하게 갖추어야 한다.

③ 사유를 통해 관점을 확보한다.

이때의 관점이란 경계가 원만보신이 되도록 하는 관점이며, 조화를 창출할 수 있는 관점이다. 그럴려면 먼저 교류해야 한다. 만약 교류가 부족하면 조화적 관점을 확보할 수 없다.

교류가 원만히 이루어지려면 '과정'과 '절차'가 필요하다. 과정과 절차를 통해 공감대가 생기지 않으면 교류가 잘 이루어지지 않는다. 예를 들어 치료를 할 때에도 치료하기 전에 환자가 어떤 사람이고, 어떠한 삶을 살았는지, 그리고 인과는 어떠한지를 알게 되면 환자에 대한 애틋함도 생기고 치료하려는 의욕도 더 커지게 된다.

상대와 존재목적이 너무 달라서 교류를 통한 공감대가 생기지 않는다면 법신과 화신은 갖출지언정, 원만보신까지는 마음을 내지 않는 것이 좋다. 인과를 알 수 있는 역량이 있다면 나와 상대의 인과가 어떠한가 살펴보고, 상대의 주변과 나와의 인과도 살펴야 한다.

　나와 상대간의 인과가 좋더라도 상대의 주변과 나와의 인과가 좋지 않다면 상대와 교류를 행함에 있어서 적정한 선을 넘지 않도록 해야 한다. 만약 그렇지 못하면 교류를 통해 그늘이 싹터서 스스로가 어둠에 처해진다.

　④ 교류를 통해서 확보된 관점으로 설계를 실행한다.

○ 설계의 방법

설계의 방법은 다음과 같다.

ㄱ. 상대의 아름다움을 인식한다.

　상대에 대해 신심(信心)을 내고 나의 청정심과 상대의 청정심이 하나가 되도록 하며, 법계의 불공여래장(不空如來藏)[12]과 서로 연결될 수 있도록 하기 위해서 상대의 아름다움을 인식한다.

---

12) 불공여래장(不空如來藏) : 유상화된 여래장. 즉, 최초 생명을 말한다.

ㄴ. 상대와 나 사이에 관계의 범주를 정한다.

서로가 서로에게 장애가 되지 않기 위해서 교류적 관점에서 거리를 둔다.

ㄷ. 상대의 부족한 점을 다스린다.

상대를 제도하는 데는 두 가지 방법이 있다.

하나는 상대의 중심과 나의 중심을 연결해서 중심으로 비추어서 다스리는 법이다. 이것은 상대를 나의 고요한 중심에 지극하게 담아서 상대의 고유진동수(固有振動數)[13]를 떨어뜨리는 방법이다. 다른 하나는 상대의 단점을 부각시켜 근본으로 비추어서 제도하는 방법이다.

ㄹ. 설계한다.

장점은 가치있게 쓰이도록 해주고 단점은 다스려 준다. 상대의 단점을 허공해탈할 때는 상대의 단점을 이미지화하는 것이 중요하다. 나쁜 버릇이나 행동할 때의 눈빛이나 표정

---

13) 고유진동수(固有振動數) : 생명이 갖고 있는 의식 성향에 따라 정해지는 고유한 주파수. 예를 들어 영(靈)을 몸으로 가진 원신(原神)의 경우 7진동이고, 영과 혼(魂)을 몸으로 가진 영혼(靈魂)의 경우 14진동이다. 유체는 14~18진동 사이이고, 육체를 가진 경우 18~21진동 사이이다. 일반적으로 인간은 육체를 가진 경우로 21진동에다가 과거, 현재, 미래에 대한 시간적 관념을 더하여 24진동으로 본다.

등 상대의 특징을 잡아서 이미지화한다. 이때 이미지는 한 장의 그림일 수도 있고, 한 줄의 글일 수도 있으며, 한 마디의 노래일 수도 있다.

이것은 상대의 단점을 대표할 수 있는 문양이자 문장이요, 부적이며 이름이다. 단점을 이미지화하는 이유는 그것을 함축적으로 드러내기 위해서이기도 하지만 상대의 단점을 표현하여 풀어내기 위해서다.

상대의 단점을 그림으로 이미지화할 때 그 방법에 대해 알아보자.

중심의 표면을 도화지로 삼고 상대의 이미지를 떠올리면서 '그의 부족함이여. 도화지 안에서 실현되어라.'라고 마음을 낸다. 이때 상대에 대한 애틋함을 도화지 안에 투영시키면 상대의 단점이 그림으로 펼쳐진다.

그림을 어떻게 그리겠다고 따로이 의지를 내지 않고 오직 상대에 대한 지극함을 일으키면 서로 호응이 되어서 저절로 그림이 그려진다.

상대의 심업(心業)이나 식업(識業)이 도형이나 문양 등으로 표현되는 것이다.

상대와 충분히 교감하면서 인과를 보고 그 인과와 얽혀 있는 관점들을 최대한 확보해야 폭넓은 설계가 이루어진다. 그렇지 않으면 설계가 단순해져서 실현되는 바가 미흡해진다. 상대의 좋은 점을 먼저 보는 것은 상대와 내가 끈끈하게 연결되어서 상대와 불공여래장(不空如來藏)과의 연결이 원활하게 이루어지도록 하기 위해서다.

⑤ 설계를 실행한다.

앞서 설계해서 나온 그림이나 문장, 소리들을 중심에 담은 상태에서 근본으로 비추면서 문장이라면 한 줄씩, 그림이라면 조금씩 지워 나간다.

설계의 방법과 실행을 요약하면, 먼저 상대의 장점을 부각시켜서 교류를 통해 공감대를 이루고 여래장과 나와 상대를 연결시킨 후에, 상대의 단점을 이미지화해서 그것을 지워 나간다.

여래장(如來藏)과 나를 연결시키는 법과 여래장을 쓰는 여덟 가지 법이 『금강삼매경(金剛三昧經)』에 나와 있다.

⑥ 설계를 통해 드러난 결과를 체용(體用)하고 상용(相用)한다.

체용(體用)은 설계의 실행으로 드러난 결과를 나의 근본으로 비추어 줌으로써 여래장과 연결되도록 하는 것이다. 나의 근본 자리와 여래장의 자리는 동등하다. 체용(體用)을 하는데 있어서 필요한 것이 암마라식(唵摩羅識)이다. 암마라를 얻는 법은 여덟 가지 방법이 있는데 그 중 한 가지라도 갖추고 있으면 여래장과 연결될 수 있다.

여래장과 연결함에 있어 두 가지 주의할 점이 있다.

첫째, 허공해탈을 하는 자가 '내가 한다' 라는 상이 없어야 한다.

둘째, 허공해탈하는 대상을 내 자식을 대하듯이 사랑과 애틋한 마음으로 대할 줄 알아야 한다.

이 두 가지 중 하나라도 부족하면 체용(體用)은 이루어지지만 상대와 불공여래장(不空如來藏)을 연결시켜 주지는 못한다. 상용(相用)은 상대의 장엄함이 이루어지도록 하는 것이다.

즉, 상대의 존재가치가 최대한으로 실현되도록 하는 것이다. 상대가 원만해지고, 상대가 아름다워지면 상대의 장엄함이 이루어진 것이다.

이렇게 해서 허공해탈이 이루어지면 성소작지(成所作智)가 실현된다. 능히 삼신(三身)이 구족된 것이라 할 수 있다.

이때야 비로소 업보와 선택, 인과라는 세 개의 굴레로 이루어진 중생계를 벗어날 수 있다. 업보는 본성으로 제도하니 법신이요, 선택은 비춤으로 벗어나니 화신이요, 인과는 교류로서 벗어나니 그것이 보신이다.

6) 금강해탈(金剛解脫)

 금강해탈의 목적은 본성(本性)이 주인이 되도록 하기 위함이다. 금강해탈은 내 안으로 일어나는 습성(習性)을 제도하기 위해 행하는 것이다.
 습성이 일어나는 이유는 무엇인가?
 그것은 업식이 주인이 되었기 때문이다. 심(心), 식(識), 의(意)는 모두 습성이 쌓여서 형성된 것이다.
 심(心)에 쌓여진 습성을 심업(心業)이라 하고 식(識)에 쌓여진 습성을 식업(識業)이라고 한다. 심식의가 주인이 되어 습성이 일어나면 본성이 가리운다. 때문에 금강해탈을 통해서 심식의를 제도하고 본성이 주인이 되도록 하는 것이다.

 금강해탈(金剛解脫)을 이루는 과정을 『금강경(金剛經)』을 통해서 알아보도록 하자.

 ① 근본을 인식할 수 있는 시각을 얻어야 한다.
 이것을 『금강경』의 제이(第二) 선현기청분(善現起請分)에서는 다음과 같이 표현한다.

> **發阿耨多羅三邈三菩提心**한 이는
> 발아뇩다라삼먁삼보리심
>
> **應如是住**하며 **如是降伏其心**이니까.
> 응여시주   여시항복기심
>
> 아뇩다라삼먁삼보리심을 발한 사람은 어떻게 그것(시각)에
> 머무르며 그 마음을 항복받겠나이까?

아뇩다라삼먁삼보리심(阿耨多羅三邈三菩提心)은 시각(時覺)을 증득한 상태를 말하고, 그 상태에 머무르는 것은 본각(本覺)을 증득하는 것을 말한다.

'마음을 항복받겠는가' 할 때 그 마음이란 습성을 말한다. 다시 살펴보면 '시각을 증득한 이가 어떻게 본각을 증득하며 마음의 습성을 항복받겠습니까?' 하는 것이 『금강경』에서 전하고자 하는 『금강해탈(金剛解脫)』의 법이다.

② 대승의 바른 종지를 세워라.

금강해탈을 할 때 처음 갖춰야 할 것이 대승(大乘)의 바른

종지이다.

  이것에 대해 제삼(第三) 대승정종분(大乘正宗分)에서 다음과 같이 말한다.

所有一切衆生之類인 若卵生과 若胎生과 若濕生과 若化生과
소유일체중생지류　　　약란생　　약태생　　약습생　　약화생

若有色과 若無色과 若有想과 若無想과 若非有想非無想을
약유색　　약무색　　약유상　　약무상　　약비유상비무상

我皆令入無餘涅槃하야 而滅度之하리니
아개영입무여열반　　　　　이멸도지

존재하는 모든 중생들, 알에서 태어나는 것, 태에서 태어나는 것,

습성으로 태어나는 것, 화현하여 태어나는 것, 인식작용이 없는 것,

인식작용이 있는 것도 인식작용이 없는 것도 아닌 것,

나는 그들 모두를 무여열반에 들게 하리라.

若菩薩이 有我相人相衆生相壽者相하면 則非菩薩이니라
약보살　　유아상인상중생상수자상　　　즉비보살

> 하지만 이런 많은 중생들을 열반에 들게 뜻을 세워서 제도하더라도 스스로가 제도했다는 상을 낸다면 보살이 아니다.

근본을 인식할 수 있는 시각을 얻었다면 다음에는 대승의 바른 종지를 세워야 한다. 이것이 금강해탈을 이루는 첫걸음이다. 대승의 바른 종지는 '일체 중생을 무여열반으로 이끌겠노라' 하는 서원을 세우는 것이다.

하지만 내가 상대를 제도했다는 상을 갖지 말아야 한다. 만약 그런 상을 갖는다면 허공해탈도 이루지 못하고, 금강해탈도 이루지 못한다.

상(相)이 없이 밖의 중생을 제도하려면 본인의 팔식(八識)과 상대의 팔식, 그리고 불공여래장(不空如來藏)을 연결시켜야 한다.

이것은 여래장의 관점으로 상대를 제도하는 것이기 때문에 내가 중생을 제도한다는 상이 붙지 않는다. '다 부처님 뜻이지요.' '부처님 은덕이죠.' 이렇게 돌려서 내가 제도했다는 상을 갖지 않는다.

자기를 내세우게 되면 심식의(心識意)가 주인이 되고, 자기를 내세우지 않으면 본성이 주인이 된다.

여기서 일체중생은 안의 중생과 밖의 중생 전부를 포함한 것이다. 안의 중생은 자기 습성이고, 밖의 중생은 본성을 찾지 못한 또 다른 존재를 말한다.

그렇기 때문에 『금강경』에서는 허공해탈법과 금강해탈법을 함께 말한다.

일체 중생을 무여열반(無餘涅槃)으로 이끌겠다는 서원을 세우되 나의 관점에서 제도하는 것이 아니고 여래장(如來藏)의 관점에서 제도한다. 이것이 보살이 상을 가지지 않고 안팎을 제도하는 법이다.

③ 낱낱의 경계를 여의지 않으면서 유상에 머무르지 않고 무상을 본다.

『금강경』의 제사(第四) 묘행무주분(妙行無住分)를 살펴보자.

復次須菩提야 菩薩이 於法에 應無所住하야 行於布施니
부처수보리   보살   어법   응무소주   행어보시

所謂不住色布施며 不住聲香味觸法布施니라
소위부주색보시   부주성향미촉법보시

> 須菩提야 菩薩이 應如是布施하야 不住於相이니 何以故오
> 수보리   보살 응여시보시   부주어상   하이고
>
> 若菩薩이 不住相布施하면 其福德을 不可思量이니라
> 약보살   부주상보시   기복덕   불가사량
>
> 그런데 다시 수보리여, 참으로 보살은 경계에 머물러서 보시를 해서는 안 된다. 그 무엇에 머물러서 보시를 해서는 안 된다. 형상에 머물러서 보시를 해서도 안 되며 소리, 향기, 맛, 감촉, 마음의 대상에 머물러서 보시를 해서도 안 된다. 이와 같이 참으로 수보리여, 보살 마하살은 현상에 머무르지 않는 그러한 보시를 해야 한다.
> 그것은 무슨 이유에서인가? 수보리여, 머무르지 않고 보시를 하는 자, 그의 공덕의 무더기는 쉽게 그 양을 잴 수가 없기 때문이다.

안팎의 중생을 제도하겠다는 서원을 세우고 머무르지 않는 보시를 하려면 어떻게 해야 하는가?

보고, 듣고, 말하고, 느끼고, 생각하고, 행동하는 모든 것에 대해서 근본을 봐야 한다. 묘행(妙行)은 낱낱의 경계를 여의지 않는 것이고, 무주(無住)는 유상에 머무르지 않고 무상(無

相)으로 나아가는 것이다. 이때의 무상은 자기 본성을 뜻하기도 하지만 여래장을 뜻하기도 한다. 낱낱의 경계를 저버리지 않으면서 유상에 머무르지 않고 무상을 보는 것이 묘행무주(妙行無住)다. 만약 주어진 경계를 저버린다면 그 경계를 통해서 무상을 볼 수 있는 기회가 없어지고 그 경계가 갖고 있는 습성을 제도할 수 있는 기회가 없어진다. 때문에 묘행(妙行)의 중요성을 강조한 것이다.

먼저 대승의 종지를 세운 다음 낱낱의 경계를 여의지 않으면서 유상에 머무르지 않고 무상으로 나아가는 것, 이것이 바로 보살행(菩薩行)이다.

예를 들어 근본과 여래장의 쓰임에 대해 알아보자. 환자의 아픔을 덜어 주기 위해서는 무상으로 돌리기만 해서는 치료가 되지 않는다. 그때는 경계를 제도해서 풀어 주는 허공해탈이 필요하다. 다음은 그 상태를 체용(體用)하여 유상에 머무르지 않고 근본으로 나아가는 무주(無住)를 행한다. 이처럼 따로이 상을 없애려는 노력이 없이 무상을 보면서 행하는 것이 무주상보시(無住相布施)다.

허공해탈을 하면서 경계를 제도할 때는 상대의 장점을 보면서 인과도 살펴본다. 이때 중요한 것이 복력(福力)과 업력(業力)을 보는 것이다. 보살도를 행하는 자는 상대가 갖고 있는 복력과 업력이 균등해지도록 해야 한다. 그래야만 여래장과의 연결이 원만하게 이루어질 수 있다. 복력보다 업력이 강하다면 상대는 업보의 굴레에서 벗어나지 못한다. 이때 업력을 해소하기 위한 절차가 상대의 좋은 점을 부각시켜서 서로의 관계가 긴밀해지도록 하는 것이다. 상대의 장점을 놓고 내가 호응하면 상대의 업을 나눠 갖게 된다. 그렇게 하여 업력이 상쇄되고 업력과 복력이 균등하게 갖춰지면 상대를 여래장과 연결시킬 수 있다.

인연을 놓고서 상대의 업력과 복력이 균등하게 유지될 수 있도록 해줄 수 있으면 그것도 감당할 수 있는 인연이다. 하지만 그렇지 못하다면 감당할 수 없는 인연이다. 상대의 업력이 강할 때는 상대의 업보를 대신 짊어짐으로써 나의 주변이 어두워지고, 상대의 복력이 강할 때는 나의 업력이 커지면서 상대에게 얽매이게 된다. 그런 경우 나는 오직 중관자(中觀者)로서 업과 복의 균형을 보는 저울이 될 뿐이고, 상대의 업력과 복력은 상대 스스로가 감당토록 해야 한다.

신통력(神通力)이 생겨서 상대에게 이로움을 주고자 해도 업력과 복력의 균형을 잡아 주지 못하면 상대를 돕는 것이 오히려 업력을 키워 주는 것이 된다. 때문에 무작정 돕는 것이 보시가 아니다. 그런 보시는 또 다른 업보를 짓게 해서 서로에게 걸림이 된다. 업력과 복력의 균형을 잡아 주지 못할 인연은 항상 적정한 거리를 두고 대해야 한다. 업력과 복력의 균형을 갖추기 위해서는 단점보다는 장점을 많이 갖추고 있어야 한다.

일을 실현코자 할 때 진보된 관점을 확보했다고 해서 무조건 실행해서는 안 된다. 반드시 제시된 관점마다 과보(果報)를 보고 적절한 시기에 적절한 조건을 맞춰서 실행해야 된다.

묘행무주(妙行無住)하였다고 해서 금강해탈의 끝이 아니다. 다음 과정을 살펴보도록 하자.

④ 자기제도법으로 습성을 제도하는 것은 금강해탈이 아니다.

『금강경』의 제오(第五) 여리실견분(如理實見分)에서는 32가지 대인상을 구족했기 때문에 여래가 되었다는 상에 빠지지 말라고 한다.

32상은 몸 안에 세워진 13개의 기점을 가동해서 32가지 진로를 확보했을 때 갖춰진다. 이는 여덟 가지 진로의 수행을 통해 성취하는 것이다. 특히 자기제도법이 중점이 되어 32진로가 확보된다. 자기제도법은 에너지체계를 활용해서 자기진보를 도모하는 법이다. 때문에 다섯 가지 에너지를 전체적으로 활용할 수 없으면 자기제도가 폭넓게 이루어지지 못한다.

자기제도의 행과 그로써 갖추어진 면모를 가지고 제도를 하는 것이 금강해탈인가?

『금강경』에서는 그렇지 않다고 한다. 오직 본성으로 하는 것을 금강해탈이라 한다. 금강해탈은 일체 경계에 무주(無住)하는 것이다.

견제상비상(見諸相非相), 일체의 상(相) 속에서 상 아님을 보는 것이다.

습성을 제도하는 법은 점수법(漸修法)과 돈수법(頓修法)이 있다. 점수란 시각이 갖추어지기 이전에 방편을 통해서 자기제도를 행하는 것이고, 돈수는 시각을 얻은 후에 본성에 입각해서 자기제도를 행하는 것이다.

방편을 통한 제도는 해탈을 얻을 수 없지만 본성을 통한 제도는 그대로 해탈이 된다. 금강해탈을 하려면 항상 근본에 의지를 두고 해탈도(解脫道)를 행해야 한다.

⑤ 여래장과 연결하기 위해 사상(四相)을 여의어라.

『금강경』 제육(第六) 정신희유분(正信希有分)에서는 여래장과 연결하는 방법을 설하였다. 제상에 비상을 본 것은 아공(我空)을 얻은 것이니, 이제 법공(法空)을 얻으라고 말한다. 아뇩다라삼먁삼보리(阿耨多羅三邈三菩提)는 자기 안의 팔식(八識)인 아뢰야식(阿賴耶識)[14]을 얻은 것이다. 그러니 여기서부터는 구식(九識)으로 나아가 여래장과 연결되라는 것이다. 다음 본문을 살펴보자.

> 그들 보살마하살에게 법이라는 상이 생겨난다면
> 그것은 그들의 자아에 대한 집착이며, 중생에 대한 집착이요,
> 개아에 대한 집착 때문이다. 만일 법이 아니라는 상이 생겨난다면
> 그것도 단지 자아에 대한 집착일 뿐이며,
> 중생에 대한 집착이요, 영혼에 대한 집착이다.

그러니까 '법이다', '법이 아니다' 라는 이런 상을 갖게 되는 것이 개아(個我)에 대한 집착 때문이라고 말한다. '법상'과 '법 아닌 상'을 떠나라. 영혼이란 존재의 틀이 갖고 있는 상도 떠나고, 나라고 하는 상도 떠나라.

---

14) 아뢰야식(阿賴耶識) : 팔식(八識)이라 하며 여래장과 합일될 수 있는 의식.

그것을 떠나야 여래장과 연결이 되고 법공과 하나가 된다.

여래장과 연결하기 위해 사상(四相)을 여의어라. 여기서 사상은 아상(我相), 인상(人相), 중생상(衆生相), 수자상(壽者相)이다. 아상은 나라고 하는 상을 가진 것이고, 인상은 나와 다른 '남'을 구분지어 인식하는 상이다. 중생상은 나도 있고 남도 있어서 여러 무리들 중에 하나라는 상을 가진 것이고, 수자상은 영혼이 있어서 나의 육체가 죽어서 색신(色身)을 벗더라도 무색신(無色身)은 남아 있다는 상이다.

불교의 윤회설을 잘못 이해하면 아상, 인상, 중생상, 수자상이라는 사상(四相)에 빠지게 된다. 그러한 윤회의 주체가 있다는 생각이 있기 때문에 무위각을 얻고 아공을 얻어도 여래장과 연결될 수 있는 암마라식을 얻지 못하는 것이다. 아무리 심화를 펼쳐서 지구 밖을 벗어나도 그것이 나의 범위라고 하는 상을 갖게 되면 법공을 증득한 것이 아니고 아공에 머문 것이다.

⑥ 사상(四相)을 떠나는 방법으로 법상을 여의어라.

『금강경』 제칠(第七) 무득무설분(無得無說分)에서 보살은 법이라는 상을 세우지 않는다는 것을 설한다. 그럼 법상이란 무엇인가?

> 시각(時覺)은 자아(自我)의 근본(根本)을 보는 것이요.
>
> 암마라(唵摩羅)는 나의 근본과 여래장(如來藏)을 서로 연결하는 것이다.
>
> 암마라는 시각을 바탕으로 세워지지만 시각이 아니다.
>
> 아뇩다라삼막삼보리를 얻었다는 것은 스스로의 근본을 보는
>
> 각성을 얻었다는 것이지, 존재로써 틀을 벗어난 것이 아니다.
>
> 생명이 갖고 있는 존재로서의 틀, 무위각을 얻은 이가
>
> 그 틀을 벗어나지 못했을 때,
>
> 그것을 일러 법상(法相)을 갖고 있다고 말한다.
>
> 법상을 여읠려면 암마라를 얻어야 한다.

 다시 말해 법상은 아뇩다라삼막삼보리(阿耨多羅三邈三菩提)라는 법을 내가 얻었다는 인식을 갖고 있는 것이다.

 시각(時覺)을 얻은 자는 무상(無相)에 대한 그리움을 일으킬 수 있다. 다른 표현으로 하면 아공(我空)을 증득한 자는 법공(法空)에 대한 그리움을 일으킬 수 있다는 말이다. 아공을 증득하는 것은 법공을 인식하기 위한 도구를 갖춘 것이다. 아공(我空)에 머무르는 것은 소승(小乘)의 소치요, 법공으로 나아갈 때 대승(大乘)이 된다.

암마라(唵摩羅)는 법공에 대한 그리움이다. 암마라는 나의 관점에만 있는 것이 아니고, 또한 여래장의 관점에만 있는 것이 아니다. 그것은 나와 여래장의 관계를 통해 형성되는 것이다. 나와 대상 사이의 관계 속에서 그리움이나 끈끈함이 생겨나는 것이지 나 혼자서는 끈끈한 그리움을 일으키지 못한다. 암마라를 증득하여 법공을 얻었을 때 비로소 개체적 틀에서 벗어난 것이다.

그냥 단순히 에고로써 '나'를 벗어난 것이 아니고 '나라는 틀이 있다'라는 생각을 벗어나서 여래장과 하나가 되는 것이다. 나라는 틀이 있어서 여래장과 동화되지 못하고 아상(我相), 인상(人相), 중생상(衆生相), 수자상(壽者相)이 생긴다.

『금강경』제구(第九) 일상무상분(一相無相分)에서는 수다원(須陀洹), 사다함(斯陀含), 아나함(阿那含), 아라한(阿羅漢)이라는 사과(四果)에 든 자 또한 과위(果位)에 대한 상을 버려야 암마라를 얻을 수 있다고 말한다.

시각(時覺)을 얻어 들어가는 첫 과정이 수다원(須陀洹)이다. 수다원과(須陀洹果)를 얻었다는 관점은 나라는 관점이 있는 것이다. 내가 나의 본성을 인식했다는 틀이 있는 것이다. 그 틀에 의해서 아상, 인상, 중생상, 수자상이라는 사상에 떨어지게 된다.

　암마라를 얻는데 있어서는 '나'라는 존재적 틀을 벗어나는 것이 가장 큰 관건이다. 내가 깨달아서 사선정(四禪定)에 들었고, 내가 나의 본성을 본다는 인식이 가로막고 있으면 암마라를 얻을 수 없다.『금강경』에서는 무상에 대한 인식력을 가질 뿐이지 따로이 각성을 놓고 증득했다는 생각을 갖지 말 것을 설한다.

　두 번째 사다함(斯陀含)의 과정에서도 시각을 발전시켜 본각으로 나아가지만 그런 과정 중에도 각(覺)의 주체가 자기 의지라는 생각을 세우지 말라고 설한다.

　아나함(阿那含)이나 아라한(阿羅漢)이라도 각성의 주체가 '나'라는 상을 갖고 있다면 그 또한 암마라에 들지 못한다.

『금강경』제십(第十) 장엄정토분(莊嚴淨土分)에서는 부처님조차도 내가 이루었다는 아상(我相)을 갖지 않아 여래장을 쓸 수 있다는 것을 설한다. 때문에 불국토(佛國土)를 건설할 수 있는 창조력을 가지고 있지만 그에 대한 상을 내지 않는다. 이때 불(佛)이 불국토를 건설한다는 것은 스스로가 여래장의 본원이 되어서 밝음의 연기(緣起)를 시작하는 것을 말한다. 하지만 이때에도 불국토를 이루겠다는 생각을 내지 않는다. 어떤 생명을 만들겠다는 생각을 내지 않아도 내 안에 이미 천지만물의 종자가 있기 때문에 그대로 펼쳐지고 드러나게 된다. 내가 무언가를 도모해서 창조하는 것이 아니고 내 안에 있는 씨앗들이 저절로 펼쳐지고 거두어지도록 하는 것이다. 부처가 되어서 새로운 세계를 창조하는 입장에서도 스스로 창조한다는 상을 갖지 않아야 한다.

⑦ 법상(法相)을 여의었으면 비법상(非法相)에도 머물지 마라.

법(法)의 상(相)이라는 것은 내가 각성을 얻었기 때문에, 각성에 대한 상을 가진 것이라 한다면 비법(非法)의 상(相)이란 각성을 얻는 것이 쓸모없다고 해서 포기하는 것을 말한다. 성인은 법을 얻어서 법상을 갖게 되고 중생은 법 아닌 것을 취해서 비법상을 갖게 된다. 그렇기 때문에 법상과 법 아닌 상 모두를 여의어야 한다.

법상에 머무르는 것은 나라고 하는 개체로서의 인식을 놓지 못하기 때문이다. 각성을 얻는 것은 마치 숟가락으로 밥을 떠먹는 것과 같다. 밥을 떠먹는 것은 '나'이기 때문에 각성을 얻은 자(者) 또한 '나'라고 하는 상을 버릴 수가 없는 것이다. 여래장에 대한 지극한 그리움으로 암마라를 얻어야 한다. 그렇게 되면 법상(法相)이 없어지고 법공(法空)을 얻게 된다. 시각을 통해 인식한 자기 근본을 지극하게 갈망할 수 있으면 여래장에 대한 갈망도 일으킬 수 있다.

상(相)을 여의어서 대상에 머물지 않는 마음을 내는 자가 참다운 보살이 된다. 무상에 입각해서 유상을 보면 그것이 아무리 작은 점일지라도 크게 보인다. '응무소주 이생기심(應無所住而生其心)', 유상에 머무르지 말고 무상으로 나아가라.

『금강경』제십삼(第十三) 여법수지분(如法受持分)에서는 이렇게 각성과 암마라를 갖춘 것을 지혜의 완성이라고 한다. 그리고 32진로의 성취라는 것이 부처를 이루는 가장 핵심적인 법이지만 그것도 나라는 틀 안에서 이루어지는 것이기 때문에 그것에도 머물지 말라고 설한다.

이처럼 계속해서 '상을 여의어라' 하는 것은 암마라를 얻으라고 하는 것이다. 『금강경』한 권을 아무리 훑어보더라도 '암마라(唵摩羅)'라는 표현은 한 마디도 나오지 않는다. 하지만 『금강경』의 모든 의미는 암마라로 귀결된다. 『금강경』을 '암마라를 얻는다'는 금강해탈의 관점에서 해석하지 못하면 설한 바도 없고 얻은 바도 없다는 부정적 오류에 빠진다. 암마라는 각성도 아니며 각성 아님도 아니다. 암마라는 근본에 대한 그리움이며 여래장에 대한 갈망이다.

이렇게 금강해탈과 허공해탈을 통해 존재목적을 실현하다 보면 저절로 인식의 전환이 이루어져서 무상이 주체가 되고 유상이 객체가 되는 반야해탈로 나아가게 된다.

반야해탈은 세 단계로 진행된다.

첫 번째, 반야해탈은 무상이 인식의 주체가 된 단계이다.

두 번째, 반야해탈은 무상의 본원에서 유상(심식의)이 분리되는 단계이다.

세 번째, 반야해탈은 무상의 본원에 몰입해서 모든 유상을 완전히 떨쳐 버린 단계이다.

반야해탈은 五化에서 九化에 이르기까지 단계적으로 이루어진다. 때문에 반야해탈법에 대해서는 五化 이후부터 점차적으로 다루겠다.

8. 인식의 틀 깨기

四化에서 五化로 넘어갈 때, 인식의 틀을 깨는 방법은 다음과 같다.

자기제도의 일은 채약을 이루는 것이다.
중심의 일과 근본의 일로는 중극을 형성해서 무상삼매(無相三昧)에 드는 것이다.
면모의 일로는 완전한 행의식(行意識)의 발현을 도모하는 것이다.
각성의 일로는 무상삼매를 통해 본각(本覺)으로 나아가는 것이다.
교류성의 일로는 조화적 관점에 입각한 교류를 더욱더 원활하게 행하는 것이다.
존재목적의 실현은 인식의 주체가 무상이 되는 반야해탈(般若解脫)을 이루는 것이다.

각성을 놓고서 시각(時覺)에서 본각으로 넘어가면 반야해탈의 시작이 된다. 그렇게 되면 무상이 주체가 되어서 유상이 제도가 된다.

부 록

1. 용수보살전(龍樹菩薩傳)
2. 중도(中道)

● 부록 1

용수보살전(龍樹菩薩傳)

姚秦三藏鳩摩羅什譯

    용수보살은 남인도 바라문 종족 출신이다. 천성이 총명하고 깨달음이 기이하여 문제를 다시 생각하는 법이 없었다. 갓난아이였을 때, 여러 바라문이 각 게송이 32자로 이루어진 4베다 경전 각 4만 게송을 외우는 것을 듣고 그 문장을 모두 읊고 그 뜻을 이해했다. 약관의 나이에 여러 나라에 이름을 떨쳐 독보적이었고 천문, 지리, 도위, 비참 및 여러 도술을 종합하여 알았다.

    뜻이 맞는 친구 세 명도 역시 한 시대의 호걸들이었다. 서로 의논하여 말하길,

    "천하 이치로 신명을 열고 심오한 뜻을 밝히고 아는 일은 우리가 이미 다 마쳤는데, 다시 무엇으로 스스로를 즐겁게 할 수 있는가? 욕망을 펴서 하고 싶은 일을 끝까지 해보는 것이 일생의 최고 즐거움일 것이다. 그러나 바라문의 힘은 왕

의 힘과는 다르니 어떤 방법으로 그 즐거움을 얻을 수 있겠는가? 오직 몸을 숨기는 술법이 있어 그 즐거움을 갖출 수 있을 것이다."

네 사람은 서로 마음에 거스름이 없었으므로 술사에게 가서 은신법을 구하였다.

술사는 생각하기를,

'이 네 명의 바라문은 세상에 이름을 날리며 모든 생명들을 풀뿌리와 같이 여긴다. 지금은 은신술 때문에 굴욕스럽게 나에게 왔지만, 이 네 바라문은 재주가 비상하여 절세적이고 알지 못하는 것이 오직 이 천한 법뿐이다. 내가 만약 그것을 가르쳐 주면 얻고 나서 반드시 나를 떠나고 다시는 나에게 굴복하지 않을 것이다. 먼저 그 약을 주어 사용케 하고 약의 제조법은 알지 못하게 하면 그 약이 떨어지면 반드시 와서 영원히 나를 스승으로 섬길 것이다.'

이에 술사는 각자에게 푸른 약을 한 알씩 주며 말하였다.

"너희들은 조용한 곳에 있으면서 물에 그것을 갈아서 눈꺼풀에 바르면 너희의 형체는 숨겨져서 보이지 않을 것이다."

용수는 이 약을 갈 때에 그 약 기운을 알아채고 약성분의 많고 적음을 나누었는데 조금도 빠진 것이 없었다. 돌아가

약사에게 얻은 약이 70여 종으로 나뉘었음을 이야기하니 많고 적음이 모두 그 처방과 같았다.

약사가 묻기를,

"그대는 무엇으로 그것을 알았는가?"

대답해 말하였다.

"약 자체에 기미가 있으니 어찌 알지 못하겠는가?"

술사가 탄복하였다.

'이와 같은 사람은 소문을 듣기조차 어려운데 하물며 서로 만났으니 어찌 나의 천한 술법이 아깝겠는가?'

즉시 갖추어 모두 가르쳐 주었다. 네 사람은 술법을 얻고는 뜻대로 자유롭게 항상 왕궁에 들어갔다. 궁중의 미인은 모두 능욕을 당하였다. 백여일 후에 궁중 사람 가운데 임신한 자가 있어 두려워하며 왕에게 고하고는 죄를 면해 주기를 청하였다.

왕은 불같이 화를 내며,

"이 무슨 상서롭지 못한 괴이함인가?"

모든 지혜로운 신하를 불러 이 일을 의논하게 하였는데 나이든 신하가 있어 말하기를,

"무릇 이와 같은 일에는 응당히 두 가지 종류가 있으니, 혹은 귀신, 혹은 방술이니 가히 미세한 흙으로써 모든 문에 뿌

려 병사로 하여금 그것을 지키게 하고 다니는 사람을 막아야 합니다. 만약 방술이라면 그 발자취가 나타날 것이니 가히 무기로써 제거하고, 만약 귀신이라면 들어와도 발자취가 없을 것이니 가히 방술로써 제거할 수 있습니다."

즉시 문지기에게 명령하여 시험케 하니 네 사람의 발자취가 보였다. 빨리 달려가 왕에게 고하니 왕이 장수, 역사 수백 인과 궁으로 들어가 모든 문을 닫게 하였다.

모든 역사로 하여금 칼을 휘둘러 허공을 베게 하니 세 사람이 그 자리에서 죽음을 당하였다. 오직 용수만이 왕의 옆에 붙어 의지하였는데, 왕의 머리 7척 곁에는 칼이 이르지 못하였다.

용수는 이때에 욕망이 괴로움의 근본이며, 모든 화의 근본임을 깨달았다. 덕을 패하고 몸을 위태롭게 하니 모두 이것에 말미암아 일어나는 것이다. 곧 스스로 맹세하여 말하기를,

"내가 만약 탈출할 수 있다면 마땅히 사문에게 나아가 출가법을 받으리라."

곧 탈출하여 산에 들어가 부처님탑에 나아가 출가하여 계를 받았다.

구십 일 동안에 삼장을 다 외우고 다시 다른 경을 구하였

으나, 얻을 곳이 없었다. 마침내 설산에 들어갔다. 산중에 탑이 있었고, 그 탑 안에 늙은 비구가 있었는데 대승불교의 경전을 그에게 주었다. 용수는 외우고 받들며 사랑하고 좋아했으며 비록 실제의 뜻을 알았으나, 날카롭게 통함을 얻지 못했다. 모든 나라를 돌아다니며 다시 남은 경을 구하였으나, 염부제 가운데서도 얻지 못했다. 외도 논사와 사문의 의종을 모두 다 꺾어 항복케 하였다.

외도의 제자가 말하길,

"스승은 일체지인이나, 지금은 불제자이지요. 제자의 도는 묻고 받들기에 부족하니 아직 충분하지 못하오. 하나의 일이라도 충분하지 않으면 일체의 지혜라 할 수 없소."

말이 궁하고 마음이 굴복하여 즉시 삿되고 교만한 마음을 일으켜 스스로 생각하여 말하였다.

"세계의 법 가운데 나루터나 길이 될 만한 것은 많다. 불경이 비록 오묘하나 이치로써 미루어 생각하면 짐짓 극진하지 못함이 있다. 극진하지 못한 속에서 미루어 부연하고 그것으로써 후학을 깨우친다면 이치에 어긋나지 않고 일에 잘못이 없으니 여기에 무슨 허물이 있겠는가?"

이 일을 생각하고 나서 곧 그것을 행하고자 스승의 가르침과 계율을 세우고 다시 의복을 지어 불법을 부촉하여 조금

다름이 있게 하였다. 그래서 모든 사람들에게 가르침을 받지 않았음을 보이고 날을 택하고 시기를 가려 가르침을 주었다. 제자에게는 새로운 계를 받고 새로운 의복을 입으라 이르고 자신은 홀로 조용한 곳에 수정으로 지은 방에 있었다.

대용보살이 이것을 보고 그를 가련히 생각하고 불쌍히 여겨 즉시 그를 받아들여 바다에 들여보내어 궁전에 있는 칠보 화로 꾸며진 함을 열고 모든 방등의 심오한 경전과 한량없는 묘한 법을 그에게 주었다.

무량한 오묘한 법을 주니 용수보살은 받아 읽은 지 90일 만에 이해하고 통하여서 그 마음은 깊이 들어 보배로운 이익에 들어가 체득하였다. 용이 그 마음을 알고 물어 말하였다.

"경은 모두 읽어 보았는가?"

용수보살이 답해 말하길,

"그대의 모든 함 속의 경전은 많기가 한량이 없어 다할 수 없다. 내가 읽은 것이 이미 염부제보다 열 배는 된다."

용이 말하길,

"나의 궁중에 소유한 경전은 다른 곳의 경전과 비교하면 그 수를 셀 수가 없을 정도로 많다."

용수보살은 이미 모든 경의 한 모양을 얻고 무생법인(無生法忍)을 구족하였다.

용이 돌려보내자, 남인도에 부처님법을 크게 홍포하고 외도를 꺾어 항복받았으며 대승불교를 널리 밝혔고 우바제사 십만 게를 지었다. 또 무외론 십만 게를 지었는데 중론(中論)은 그 가운데서 나온 것이다.

때에 어떤 바라문이 주술을 잘 알았는데, 자신의 능력으로 용수보살과 승부를 겨루고자 천축국왕에게 말씀드리기를,

"내가 능히 저 비구를 누를 수 있습니다."

왕은 당연히 그것을 시험하였다.

"그대는 크게 어리석구나. 이 보살은 밝기가 해와 달과 더불어 빛을 다투며, 지혜는 성인의 마음과 더불어 비춘다. 그대는 어찌하여 겸손하지 못하여 받들어 공경하지 않느냐?"

바라문이 말하길,

"왕은 지혜로운 사람인데, 어찌 이치로써 시험하지 않고 억눌림을 당하십니까?"

왕은 그 말의 극진함을 보고 용수보살에게 다음날 정천전 위에 함께 앉기를 청하였다. 바라문이 나중에 와서 곧 대궐 앞에 주술로 큰 연못을 만들었는데, 넓고 길며 청정하였다. 가운데 천 개의 연꽃이 있어 스스로 그 위에 앉아 용수보살에게 과시하였다.

"그대는 땅 위에 앉아 있으니, 축생과 다름이 없다. 그런데

도 청정한 꽃 위에 앉아 있는 대덕지인과 말을 겨루어 논의하려는가?"

이에 용수보살 또한 주술을 사용하여 여섯 이빨의 흰 코끼리로 변하고 연못의 물 위로 가서 그 꽃 좌석에 나아가 코로 감아 연꽃 좌석을 비틀어 뽑아 높이 들어 땅에 던져 버렸다.

그 바라문은 허리를 다치고 끝내 힘이 빠져 용수에게 귀명했다.

"제가 스스로 헤아리지 못하고 대사를 훼방하고 욕되게 하였습니다. 원컨대, 가련히 여겨 저를 받아 주시어 이 우매함을 열어 주소서."

한편 다른 남천축 국왕이 주변 나라를 다 거느리고 사도(邪道)를 믿고 사용하여 사문과 부처님 제자는 한번도 볼 수가 없었는데 나라의 사람들은 멀거나 가깝거나 모두 그 가르침을 따랐다.

용수보살이 생각하여 말하였다.

"나무는 뿌리를 베지 않으면 가지가 기울지 않고, 사람의 주인도 교화되지 않으면 도가 행해지지 않는다."

그 나라의 정치하는 법에 왕가에서 돈을 내어 숙위를 고용하는데 용수보살이 이에 응모하여 그 장수가 되었다. 창을 메고 앞을 달리며 행오를 정돈하고 마음을 다스림에 위엄을

엄하게 안해도 명령이 시행되었으며, 법을 드러내지 않아도 사람이 따랐다.

왕이 그를 매우 기특히 여겨 물었다.

"이는 어떤 사람인가?"

시종이 답하여 말했다.

"이 사람은 모집에 응하였으나 녹은 받지 않고, 또 돈도 취하지 않습니다. 그러나 일에 있어서는 공정하고 삼가하며 한가할 때 익힘이 이와 같습니다. 그 뜻이 무엇이고 무엇을 원하는지 알 수 없습니다."

왕이 그를 불러 물었다.

"그대는 어떤 사람인가?"

용수보살이 대답해 말했다.

"저는 일체지인입니다."

왕이 크게 놀라 물었다.

"일체지인은 세상에 오직 한 사람이 있을 뿐이다. 그대가 스스로 일체지인이라 말하니 무엇으로 증험하겠느냐?"

용수보살이 대답해 말하길,

"지혜가 있음을 알고자 원하면 왕은 마땅히 알고 있는 것을 얘기해 보십시오."

왕은 즉시 스스로 생각하기를,

"나는 지혜로운 임금으로 대논의사인데, 물어서 능히 굴복시켜도 오히려 이것이 명예롭지 못한데 일단 굴복시키지 못하면 이것은 보통 일이 아니다. 만약 묻지 않는다면 바로 한번에 굴복을 당한 것이 되니."

주저하고 의심하며 한참 있다가 마지못해 그에게 물었다.

"하늘은 지금 무엇을 하고 있는가?"

용수보살이 대답하기를,

"하늘은 지금 아수라와 더불어 싸우고 있습니다."

왕이 이 말을 듣고 말하자면 사람이 목이 막혀 토하지도 못하고 또 삼키지도 못하는 것과 같았다. 그 말을 비판하고자 해도 다시 증거할 수 없었고, 그것을 인정하려 해도 이를 가히 밝힐 수 없었다.

말하지 않는 사이에 용수보살이 다시 말하였다.

"이는 허황된 논의로 승리를 구하려는 말이 아닙니다. 왕은 잠시 기다리시오."

잠깐 중험하는 말이 끝나자 공중에서 문득 창과 병기가 서로 얽혀 떨어졌다. 왕이 말했다.

"창과 방패가 비록 전투하는 무기이나 그대는 어찌 반드시 이것으로 하늘과 아수라가 싸우는 것인지 알 수 있겠소?"

용수보살이 말하길,

"헛된 말을 꾸미는 것보다 실제 한번 보는 것이 낫습니다."

말을 마치자, 아수라의 손과 발가락 및 그 귀와 코가 허공으로부터 내려왔다. 또 왕과 신하, 백성, 바라문의 무리가 허공 가운데 맑게 개이어 양쪽 진영이 서로 대치함을 보게 하였다.

왕은 곧 머리를 조아리고 그 법의 교화에 감복되었으며, 대궐의 일만 바라문이 다 묶은 머리를 깎아 버리고 성취계를 받았다.

그 당시에 한 소승법사가 있어 항상 분하고 비뚤어진 마음을 품고 있었는데, 용수보살이 장차 세상을 떠나려 하면서 묻기를,

"그대는 내가 이 세상에 오래 머무는 것을 좋아하느냐?"

대답하기를,

"진실로 원하지 않소."

물러나 한가한 밤에 들어가 여러 날이 지나도록 나오지 않으므로 제자가 문을 부수고 들어가 보니 마침내 매미가 껍질을 벗은 듯이 열반에 들었다.

용수보살이 열반에 드신 이래로 지금에 이르러 백 년이 지났는데 남인도의 모든 나라들이 그를 위해 사당을 세우고 공

경하여 받들기를 부처님같이 하였다.

그의 어머니가 나무 아래에서 그를 낳았는데 거기에 연유하여 아주타나라 했는데, 아주타나는 나무 이름이다. 용(龍)으로 인해 그 도가 완성되었으므로 '용'을 글자에 배치하여 호를 용수(龍樹)라 한다.

● 부록 2

중도(中道)

> 因緣所生法 인연소생법
>
> 我說卽是空 아설즉시공
>
> 亦爲是假名 역위시가명
>
> 亦是中道義 역시중도의
>
> 인연으로 생긴 법
>
> 나는 그것을 '공' 이라 설한다.
>
> 그것은 또한 가명이며
>
> 또한 중도 그 자체이다.
>
> — 〈용수의 '중론(中論)' 에서〉

이 게송은 천태대사(天台大師)가 매우 주목하여 中道를 空이라 이해하고, 假라고 이해하고, 空과 假를 동시에 떼레야 뗄 수 없는 中道로 파악하라고 가르쳤다 합니다. 공(空), 가(假), 중(中) 삼제(三諦)의 세 가지로 이해하라며 이 게송에 삼제게(三諦偈)라 이름을 붙였다고 합니다.

  이 게송은 원효대사도 중요하게 생각하여 자신의 저술인 『보살영락본업경소(菩薩瓔珞本業經疏)』에서 강조하였다고 합니다.

 맺음말

용수(龍樹)로부터 달마(達磨)로 전해지고 달마에서부터 오조 홍인(五祖 弘忍)까지 전해진 삼관(三觀)의 법은 육조 혜능(六祖 慧能)에 이르러 그 명맥이 다한다. 불조(佛祖)께서 예언하시길 동방으로 법이 전해진 지, 6대 이후에는 의발(衣鉢)을 전하지 말라 하신 것이 바로 이것을 두고 하신 말씀인지……

앞서 보았듯이 여덟 진로의 수행체계는 참으로 방대하다. 어찌 하룻밤만에 그 법이 전해질 수 있으랴?
홍인과 혜능의 만남은 어찌보면 다행한 일이고, 어찌보면 불행한 일이었다. 대승의 관법이 온전히 전해지지 못한 것이 불행한 일이요, 그나마 선법의 자취가 이만큼이라도 이어진 것이 다행한 일이다. 혜능이 오조 홍인을 만난 것은 고작해야 여덟 시간 정도뿐이다. 처음 인사할 때 몇 분, 그리고 방앗간에서 잠깐, 나중 떠나올 때 삼경에서부터 새벽까지. 그러니 그 짧은 시간 동안 어찌 저 방대한 대승법이 완전하게 전해질 수 있었으랴!
혜능이 홍인한테 전수받은 정법안장(正法眼藏)은 『금강경』에 기록된 해탈법이다. 즉, 허공해탈법과 금강해탈법이다. 그 이외에 자기제도법이나 교류성의 확보, 존재목적의 실현에 대해서는 가르침을 받지 못했다. 특히 자기제도법 같은 경우는 전혀 전수받지 못했다. 허니 어떻게 상승의 공부가 이루어질 수 있었으랴!
육조 혜능은 중관의 법을 알지 못했다. 왜 그런가 하면 혜능의 계송에는 공관의 관점만 명시되어 있었기 때문이다. 혜능은 홍인으로부터 가르침을 받기 이전에 이미 깨달음을 얻은 상태였다. 혜능의 깨달음은 중관에 입각해서 얻어진 것이 아니라, 응무소주 이생기심(應無所住 而生其心)을 통해 유상에서 무상으로 인식의 전환을 이룬 것이다.

혜능의 게송을 보면 혜능은 이미 사선정(四禪定)에 들어 있었다. 혜능이야말로 삼매법을 통해 사선정(四禪定)에 들어간 사람이었던 것이다. 후에 혜능은 자신의 수행법을 내외명철(內外明徹)의 돈오법(頓悟法)이라 불렀다. 이는 삼관의 관점에서 보면 공관법에 해당하는 수행체계이다. 중관을 거치지 않고 이미 삼삼매(三三昧)에 들어간 혜능은 홍인으로부터 인가를 받고 정법안장(正法眼藏)을 부촉받는다.

이런 과정으로 전해진 오조 홍인의 법은 여덟 진로에 입각해서 보면 근본의 일과 각성의 일뿐, 나머지 중심의 일과 자기제도의 일, 면모의 일, 교류성의 일, 존재목적의 실현, 인식의 틀 깨기 등은 전해지지 못했다. 삼관의 체계로 보면 공관법, 즉 삼매법만 전해진 것이다. 육조의 법이 전해지고 나서 삼대째 마조 도일(馬祖 道一)대에 이르러서 돈오법이 쇠퇴하기 시작하니, 이때 대두된 것이 방편선 즉 간화선이다. 혜능의 돈오법은 근기가 받쳐 주면 더할 나위 없이 좋은 법이지만, 그렇지 않으면 너무도 막연하여 오히려 닦음 자체를 포기해 버릴 수 있는 한계가 있다. 소위 유상에서 무상으로 단박에 인식의 전환을 이룰 수 있는 사람이 몇이나 있겠는가?

결국엔 돈오법의 명백이 끊어지고 방편선으로 종문의 법을 삼게 되었으니 참으로 안타까운 일이 아닐 수 없다. 대혜 종고(大慧 宗杲)때에 이르러 방편선의 방법을 확립하고 후세에 전했으나 현재에는 그 법마저 쇠해져서 깨달음을 얻는 것이 참으로 어렵게 되었다.

우리 나라에 들어온 간화선은 고려말 태고 보우(太古 普愚)선사로 인해 전해졌으나 그 또한 조선 중기에 그 명맥이 끊어지고 말았다.

우리 나라에 전해진 삼관의 법은 중국으로부터 전해진 것이 있었고 인도로부터 전해진 것도 있었다. 중국으로부터 전해진 삼관법은 당나라로 유학갔던 유학승들에 의해 전해졌고 인도로부터 전해진 삼관법은 밀승들에 의해 전해졌다.

특히 원효(元曉)와 의상(義湘)에 의해 전해진 삼관법은 『화엄경(華嚴經)』이나 『반야경(般若經)』, 『금강경(金剛經)』, 『금강삼매경론(金剛三昧經論)』, 『대승기신론(大乘起信論)』 등 여러 가지 대승경전과 함께 전해졌다. 원효에 의해 『금강삼매경론』이 해석되면서부터는 대승의 삼관체계가 널리 민중 속으로까지 전해졌는데 이는 원효가 부르짖었던 민중불교운동과 맞물려서 삼국통일 이후 고려 초기까지 크게 유행하였다. 허나 고려조에 이르러서 신라 계열의 승려들이 신라복권을 부르짖으면서 난을 일으키니 고려 조정에서는 그들을 말살하면서 신라식 불교를 철폐해 버리고 새로운 형태의 불교, 즉 미륵신앙(彌勒信仰)을 내세우게 되었다. 그로 인해 삼관의 체계로 이루어졌던 신라식 대승불교는 그 명맥이 다하고 말았다.

용수가 제창한 대승의 삼관체계와 여덟 진로의 수행법은 이런 과정을 통해 그 명맥이 끊어졌다. 그 세월이 얼마이던가?

참으로 우연한 기회에 중심의 법을 얻게 된 필자는 몇 년 동안 그 뿌리를 찾지 못하고 외로운 길을 걸어왔다. 하지만 『보살영락본업경(菩薩瓔珞本業經)』과 『금강삼매경(金剛三昧經)』을 만나고부터는 그 미진했던 의심들을 떨쳐 버릴 수 있었다.

필자가 용수에 대한 기록을 접한 것은 2004년 2월이다. 처음 중심의 법을 설한 것이 1990년이니 거의 십사 년 만에 법의 근거를 찾게 된 것이다. 그 동안에 여러 사람을 지도하면서 법의 근거에 대해 질문을 받으면 그저 머리를 긁적일 뿐 별다른 대답을 해주지 못했었다. 헌데 『보살영락본업경』을 통해 삼관법을 접한 것이다. 그리고 나서 『금강삼매경론소(金剛三昧經論疏)』, 『대승기신론소(大乘起信論疏)』, 『수능엄삼매경(首楞嚴三昧經)』 등을 읽어보면서 너무나도 큰 감동을 맛보았다. 필자가 세웠던 여덟 진로의 수행체계가 이미 부처님께서 설해 놓은 대승법이었던 것이다.

그 동안 필자는 중심의 법에 입각해서 반야경을 해석했으며 불교의 십이연기법(十二緣起法)을 생명적 관점에서 풀이했다. 헌데 공교롭게도 용수가 전한 대승경전들이 그 두 가지 사상이 핵심을 이루고 있었다. 수많은 세월을 사이에 두고 그렇게 나는 용수를 만났다.

이 책에서 제시한 여덟 진로의 수행체계는 각각이 아홉 단계로 나누어져 있다. 지금까지 다룬 내용들은 필자가 팔 년 동안 강의했던 내용들을 간추려서 정리한 것이다.

아직까지 다섯 번째 선정에 대해 함께 논할 수 있는 인연이 없었기에 우선은 여기에서 일단락을 지었다. 후에 연자가 있어 '공무변처정(空無邊處定)'을 말할 수 있다면 필자로서도 더없는 기쁨이 될 것이다.

2005년 8월 24일 울련산 연화사
세심정에서 구선

觀 중심의 형성과 여덟 진로의 수행체계

●

1판 1쇄 인쇄일 — 불기 2549년(2005년) 10월 17일
1판 1쇄 발행일 — 불기 2549년(2005년) 10월 24일

●

지은이 — 구 선
펴낸이 — 김춘기
펴낸곳 — 도서출판 연화
편집부
경상북도 영양군 수비면 수하1리 887-2번지
전화 • (054)682-7770 FAX • (054)682-8155
영업부
서울시 마포구 상암동 3-7
상암월드컵파크아파트 7단지 705동 1202호
전화 • (02)302-8145 FAX • (02)374-8145
http://www.kwan.or.kr

●

등록년월일 — 불기 2547년 3월 14일
등록번호 — 제2003-1호

* 잘못된 책은 즉시 교환하여 드립니다.

정가 40,000원

ISBN 89-953949-2-7